小学生からの憲法入門

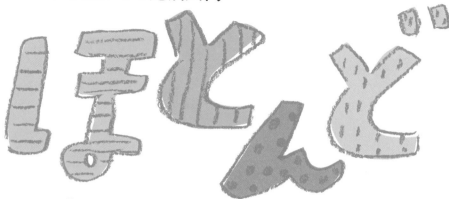

ほとんど憲法《けんぽう》 上

著・木村草太　絵・朝倉世界一

河出書房新社

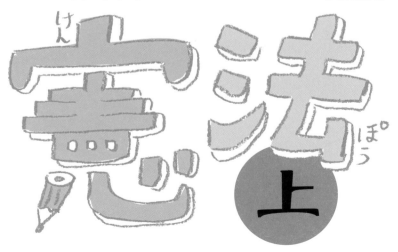

はしがき

ある日、毎日小学生新聞編集部《へんしゅうぶ》から、連載企画《れんさいきかく》の提案《ていあん》をいただきました。この企画には、「子どもが読んで楽しめること」と「憲法についてよくわかること」という2つの目的があります。

企画について考えながら思い出したのは、「多目的《たもくてき》ホール」。小学生のころ、町の空き地に多目的ホールを作る計画ができました。それを知った友人のトミナガは、「多目的ということは、アジの干物《ひもの》を作るのにも使えるだろうか?」と言いました。いくら「多目的」といっても「オペラもできるし、演劇《えんげき》や講演会《こうえんかい》もできるホール」くらいをイメージしていた私は、すっかり面食らいました。そんな私をよそに、ヨネダ君は、「ベーコンとか燻製《くんせい》を作りたいよね」と言い出します。

ぼちぼちツッコミが入るかと思うと、キタムラさんは「アジを干すなら風通しが大事だけど、ベーコンを作るなら密閉《みっぺい》しないといけないわ」と、全く軌道修正《きどうしゅうせい》しません。さらに、トミナガが「どっちも食べたいなー」と言い、キタムラさんは「まさに給食の選択《せんたく》ね」と畳《たた》みかけ、ツクイさんから「究極《きゅうきょく》の選択でしょ」と言われる展開《てんかい》。あげく、トミナガは「『多目的』だと迷《まよ》うから、いっそ『無目《むもく》的《てき》ホール』にしようよ」と言い出しました。無目的な建物を税金で作るのはやめてほしいです。

さて、たくさんの目的を一度に実現《じつげん》するのは大変です。この連載も、子どもたちが楽しく、かつ、憲法の話を、という2つの目的を達成するため、いろいろ悩《なや》みました。悩みに悩んだ末《すえ》、「悩んでいても面白くならない。みんなの力を借《か》りよう」というアイデアに至《いた》りました。

新聞連載中は、毎月のお題を立てて、お便りを送ってもらいました。4月のお題は「新学期、〇〇を張り切っちゃうぞ」、7月は「暑くなったので、〇〇しました」といった感じです。私は、皆さんが送ってくれた楽しいお便りに刺激《しげき》を受け、それと関係のある憲法の話を進めました。さらに、朝倉世界一《あさくらせかいいち》さんがマンガを描いてくれることになりました。マンガには、本文に現《あらわ》れるトミナガたちが登場することもあれば、マンガオリジナルのけん子とぽうじろうの日常が描かれることもあります。

連載を始めてみたところ、皆さんからのハガキの楽しいこと楽しいこと。朝倉さんのマンガにもワクワク、ワクワク。この連載には、読者が楽しく憲法を学ぶ目的に加え、私がウキウキする目的が加わり、まさに「多目的連載」となりました。この本には、連載の始まった2017年3月31日からの1年分がまとめられています。四季折々《しきおりおり》の空気を感じながら、楽しんでもらえれば幸いです。

ところで、なぜ、この本のタイトルは「ほとんど憲法」なのでしょうか。それは、「①」のお話を読んでみてください。

目次

夏

お題 ―「暑くなったらすること」「夏休み！」「夏休みの反省」

秋

お題 ―「運動会で大事なこと」「日本のココが心配！」「サンタさんへのお願い」

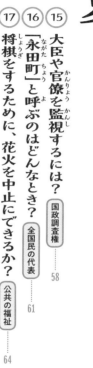

冬

お題　「書き初めに書いた言葉」「売れる本のタイトル」「卒業したいこと」

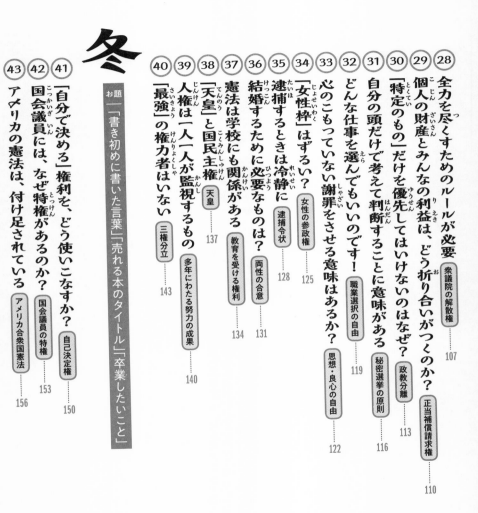

『ほとんど憲法 下』目次

春

お題

「今年がんばること」
「クラスのイヤなところ」
「おすすめの本」

お題

「今年がんばること」

といえば、

てつぼう！

① 正しく使えば怖《こわ》くない！

キーワード
憲法

鉄棒《てつぼう》を頑張《がんば》りたくても、「鉄棒が怖い」と感じていたら頑張れません。どうしたら怖がらずにできるのか、考えてみましょう。

小学3年生の頃《ころ》、私には、鉄棒が「上を歩くもの」に見えていました。友人たちが逆上《さかあ》がりや足掛《か》け上がりを楽しんでいるのを横目に、一人黙々《もくもく》と「鉄棒わたり」をしていたのです。

あるとき、足を踏《ふ》み外して落下し、ももの内がわを鉄棒に強打しました。普通《ふつう》に鉄棒遊びをしていてするけがではありません。保健室《ほけんしつ》の先生には、「鉄棒で手品でもしていたのか？」と聞かれる始末《しまつ》でした。

それ以来《いらい》、私は鉄棒が怖い。怖いのは鉄棒ではなく、それをわたろうと考える私の頭や、とんちんかんな質問をする先生な気もしますが。

正しく使わないとひどい目にあうのは、鉄棒に限《かぎ》りません。マッチ棒《ぼう》を耳かきにして耳が燃《も》えそうになったり、開いた国語辞典《こくごじてん》を枕《まくら》にして眠《ねむ》り、頬《ほお》に「じょうもんどき」の説明文が転写されたりと、私は、ものの使い方を間違《まちが》えて、たくさんひどい目にあってきました。すみません。保健室についたあたりから半分くらい作り話です。

とにかく、ものは正しく使いましょう。マッチは大人と一緒《いっしょ》に火をつけるときにだけ使う。辞書《じしょ》を枕にするならきちんと閉《と》じる。鉄棒だって同じです。その技《わざ》に必要な筋力《きんりょく》をつけるための基礎《きそ》トレーニングをし、難《むずか》しい技に挑戦《ちょうせん》するときには補助者《ほじょしゃ》を置《お》き、マットを敷《し》く。「正しく使えば怖くない！」。これが正解《せいかい》でしょう。

ところで、**私が研究している憲法は、軍隊《ぐんたい》や警察《けいさつ》や裁判所《さいばんしょ》など「国家」を正しく使うためのもの**です。この連載《れんさい》では、おいおいその話もしていくつもりですが、「ほとんど犯罪《はんざい》」と言われる行いが、「限りなく犯罪に近いが、犯罪ではない」のと同じで、「ほとんど憲法」も、「限りなく憲法に近いが、憲法ではない」かもしれません。どうぞよろしくお願《ねが》いします。

キーワード【憲法】憲法とは「国家を成《な》り立たせるルール」です。国家には、誰《だれ》が国を代表するのか、誰がどうやって法律を作るのかなどのルールが必要です。昔は、憲法は人々の頭の中にあるルールでしかありませんでした。しかし、国民の政治《せいじ》参加《さんか》が進んだ18世紀《せいき》ごろから、誰が見てもわかるように、憲法典《けんぽうてん》という文章に書かれるようになりました。

お題「今年がんばること」といえば、

普通《ふつう》のマイライフ！

② 多数決がふさわしいのはどんなとき？

キーワード
多数決

ワワワワン
ワワワワンワン
ワンワワン
ワンワンワワン
ワワワワワワン
（和歌《わか》）

わざわざ「普通」を希望《きぼう》するということは、現在《げんざい》の「マイライフ」が、かなり普通でないということでしょう。どんなマイライフなのか、ワクワクします。

ある雨の日、学校帰りに立ち寄《よ》った古本屋。漫画《まんが》コーナーに、古い外国の本が紛《まぎ》れ込《こ》んでいる。何気なく手に取ると、表紙に描《えが》かれた不思議《ふしぎ》な猫《ねこ》の絵がほほ笑《え》んできた。それ以来《いらい》、僕の周《まわ》りで不思議なことが起こるようになる。昨日は、食べたものが、全てまんじゅうの味になった。うう、まんじゅう怖《こわ》い。そして、今日は……。

そろそろ、読者の皆さんから、「いいかげんにしろ！」という声が聞こえてきそうなので、本筋《ほんすじ》に戻《もど》ります。

小学生時代の友人トミナガは、ものごとを自分で決められない性格《せいかく》でした。トミナガは、ある日、クラスのみんなに、「僕が何をすればよいかは、君たちの多数決で決めてくれ」と言い出しました。民主主義《みんしゅしゅぎ》なマイライフです。

その日以来、トミナガの髪形《かみがた》、寝《ね》る時間、翌日《よくじつ》に着る服など、さまざまなことを多数決しました。最初《さいしょ》は彼も喜《よろこ》んでいたのですが、クラスメートは、しょせん他人。彼の好《この》みを考えるにも限度《げんど》があります。ある日、私たちが、「今日のテレビは『遠山の金さん』だ」と決めました。しかし、彼は、「『ルパン三世』を見たいんだ。多数決で僕の人生を決めるのはやめてくれ！」と泣《な》きを入れてきたのです。民主主義なマイライフから、普通のマイライフに戻りたいというわけです。

多数決は、便利《べんり》な決め方ですが、何でもかんでもそれで決めればよいというものではありません。実は、憲法は、多数決で決めて良いことと、そうでないことを分ける仕事をしています。それぞれの人が、どんな本を読むのか、どんな仕事につくのか、そういう個人的《こじんてき》な事柄《ことがら》は、国民の多数決ではなく、個人の自由に任《まか》せよう。これが憲法の考え方で、私たちのマイライフを守ってくれているわけです。皆さんもクラスで多数決をするときは、「それは本当に多数決すべきことなのか？」と、立ち止まって考えてみてください。

キーワード【多数決】みんなで一つの意思決定をする場合に、より多くの人が賛成《さんせい》した意見を採用《さいよう》する決定方式。通常《つうじょう》は参加者《さんかしゃ》の半分より多い人数（過半数《かはんすう》）で決めるが、決定内容《けっていないよう》の重要度《じゅうようど》や、迅速《じんそく》な意思決定の必《ひつ》要性《ようせい》を考慮《こうりょ》して、必要な賛成票《さんせいひょう》の割合《わりあい》などを変《か》える。例《たと》えば、重要事項《じゅうようじこう》は3分の2以上《いじょう》を要求《ようきゅう》する。

お題
「今年がんばること」

といえば、

弁護士《べんごし》になるための勉強！

③ 法律家《ほうりつか》にふさわしい人とは？

キーワード
弁護士

弁護士《べんごし》を含《ふく》め「法律家《ほうりつか》」という職業《しょくぎょう》の魅力《みりょく》は、それぞれの個性《こせい》を生かせることです。

先日、私はとある弁護士会から講演会《こうえんかい》の講師《こうし》に呼《よ》ばれました。その弁護士会の会長さんは、やたらと派手《はで》なシャツとネクタイでした。講演会のためのステージ衣装《いしょう》なのかと思いましたが、関係者《かんけいしゃ》によると、あの派手さはいつものことだそうです。

「会長はなぜ派手なシャツとネクタイをするのか？」頭をグルグルしてみて、そこには深い考えがあるのがわかりました。

弁護士に来る相談は、本当にさまざまです。相談者の性格《せいかく》や相談内容《そうだんないよう》によっては、こっちの弁護士さんには話しやすいが、あっちの弁護士さんでは無理だ、と

いうことがあります。

例えば、女の人ならではのデリケートな問題を相談したいとき、女性《じょせい》の弁護士がいると安心するでしょう。老人クラブのトラブルを相談したいとき、孫《まご》ほどの年の新人弁護士には、何となく頼《たの》みにくいかもしれない。一方、LINEいじめの相談をしたいときに、スマホはおろか、携帯電話《けいたいでんわ》も使っていないおじいちゃん弁護士では、「LINEとは何か」をわかってもらうだけで日が暮《く》れそうです。

今回紹介《しょうかい》した会長さんも、「ダークスーツでパリッと決めた真面目な弁護士ばかりでは、派手なシャツが好きな人は、どこに相談に行っていいかわからないかもしれない」との配慮《はいりょ》だったのかもしれません。会長の深い考えに、いささか感動してしまいました。

いろいろな人がいないといけない。これは、弁護士に限《かぎ》りません。世界には本当にいろいろな人がいますから、そのすべての人の悩《なや》み事《ごと》を受け止められるようにするには、いろいろな法学者《ほうがくしゃ》、裁判官《さいばんかん》、検察官《けんさつかん》がいることがとても大切なのです。

法律家になりたい人は、自分の個性を大事にしてください。それには、好きなことを思いっきり頑張《がんば》るに限ります。そういう経験《けいけん》をしていれば、自分とは違《ちが》うものが好きな人への想像力《そうぞうりょく》も生まれます。そして、他の人の個性も大事にできる、すてきな法律家になれると思います。

キーワード【弁護士《べんごし》】法律に関《かん》して困《こま》ったことがあるときに、相談に乗ってくれる専門家《せんもんか》です。法律には、普通《ふつう》の人にはわかりにくいことがたくさんあります。弁護士さんは、難《むずか》しい試験《しけん》を受けて「この人に聞けば大丈夫《だいじょうぶ》」とのお墨付《すみつ》きを国からもらっているので、安心して相談できます。

お題

「今年がんばること」

といえば、

英語《えいご》の勉強！

4 同じ過《あやま》ちは二度と繰《く》り返さないための条文《じょうぶん》

キーワード

違憲立法審査制

トミナガとエレベーターに乗ったときのこと。5階で乗ってきたアメリカ人とおぼしき方は、40階のボタンを押《お》しました。しかし、彼は、30階でドアが開いたところで降《お》りようとします。私は「教えてあげなくては！」と思ったのですが、英語《えいご》の発音に自信《じしん》がなくて何もできません。そのとき、隣《となり》にいたトミナガが、よく響《ひび》く声で「イッツ、サーリーフローォオアァア」と言いました。アメリカ人とおぼしき方は、「Oh! Thirtieth floor!（ああ、30階か）」と言って、無事、40階で降りることができました。

「恥《は》ずかしくなかったのか？」と尋《たず》ねると、トミナガは、「通じなかったら、ただの発音練習だったことにすればいい」と断言《だんげん》しました。英語は度胸《どきょう》ですので、ぜひ、みなさんも、積極的《せっきょくてき》に「発音練習」してください。

ところで、私自身は中学時代から英語がなんとなく嫌《きら》いでした。日本には英語ができる人がたくさんいるので、『ハリー・ポッター』も『指輪物語』も、とてもわかりやすい日本語で読むことができます。「わざわざ自分が英語をやる必要《ひつよう》なんてない」と思っていたのです。

ところが、大学を卒業して、憲法を本格的《ほんかくてき》に勉強し始めて事情《じじょう》が変《か》わりました。アメリカの違《い》憲立法審査《けんりっぽうしんさ》制《せい》の仕組みを調べようとしたのですが、アメリカの裁判《さいばん》には200年以上《いじょう》の歴史があります。その内容《ないよう》を調べようと思ったら、自分で英語を勉強するしかありません。そうなると、がぜん、英語の勉強が楽しくなりました。

ちなみに、「なぜそれをやるのか」が明確《めいかく》だと気合が入るのは、他のことでも同じです。**憲法には、「国家が過去《かこ》にしてきた失敗を繰《く》り返さないようにする」という大きな目標があります。**憲法の条文《じょうぶん》の背景には、国家による失敗の歴史があります。「この条文は何のためにあるのだろう?」と想像《そうぞう》しながら、憲法の条文を読んでみると、憲法制定時《せいていじ》の日本の人々の気持ちがわかってくるかもしれませんよ。

となりのクラスのジャスミンくん
What do you want to eat tonight?
今夜《こんや》はなにたべたい?
I want to eat Gyoza!
(ギョーザ!)
家《いえ》では英語《えいご》なんだ…
あっお父《とう》さんこれ買《か》って
ブック
英語《えいご》好《す》きなの?
え
英会話《えいかいわ》
ふくざつ
お母《かあ》さん

キーワード【違憲立法審査制《いけんりっぽうしんさせい》】法律《ほうりつ》は、国民の代表が集まる議会《ぎかい》で作られます。国民に選《えら》ばれたからといって、どんな法律でも作っていいわけではなく、「表現《ひょうげん》の自由を保障《ほしょう》する」、「裁判は公平にやる」といった憲法のルールに従《したが》って作らなくてはなりません。「法律が憲法に違反《いはん》していないか」を裁判所が審査する制度《せいど》を違憲立法審査制と呼《よ》びます。

お題

「今年がんばること」

といえば、

九九！

5 ルールを文章にするのはどうして？

キーワード

不文憲法

私は小学生の頃《ころ》、九九をきちんと覚えず、父に叱《しか》られました。そのときはしっかり覚えたのですが、大人になると怪《あや》しくなってきました。以前、テレビのインタビューで九九を間違《まちが》えてしまい、その様子が大々的《だいだいてき》に放送されてしまいました。テレビというのも、困《こま》ったものです。本当に困ったものなのは、九九を覚えない私の方ですが。

私のようにならないように、九九を一度覚えたら、ぜひ、忘《わす》れないように練習を続けてくださいね。

私は、掛《か》け算《ざん》をならったとき、とても驚《おどろ》いたことがあります。「2かける5」と「5かける2」の答えが同じ。「7かける8」と「8かける7」の答えが同じ。

世の中のたいていのものごとは、入れ替《か》えると意味や答えが変《か》わってしまいます。例えば、マンゴーはフルーツの女王だと言われます。つまり「マンゴー＝女王」ですね。でも、「エリザベス女王はイギリスのマンゴーだ」とは言いません。九九とは、全然違《ちが》いますね。

エリザベス女王で思い出しましたが、イギリスは、「憲法典《けんぽうてん》がない国」で、「不《ふ》文憲法《ぶんけんぽう》の国」と言います。多くの国では、国家の大事なルールは、憲法典という名前の文章にまとめて書いてあります。しかし、イギリスには、誰《だれ》が王様になるのか、国会議員《こっかいぎいん》の任期《にんき》は何年なのか、といったことを書いた憲法典がありません。他の国では、憲法典に書くような、国家の大事なルールはすべて、普通の法律か慣習《かんしゅう》で決まっているのです。イギリスという国ができたのは、他の国に比《くら》べてかなり古く、当時は憲法典を作るという考え方が一般的《いっぱんてき》ではなかったのです。

ただ、**ルールを文章にしておかないと、人によってルールの理解《りかい》が分かれたり、好き勝手にルールの内容《ないよう》を変えたりしてしまいます。**最近《さいきん》のイギリスでは、大事なルールを法律にして、明確にしていこうという傾向《けいこう》があります。例えば、国会議員の任期を決める法律や、議会《ぎかい》の仕事内容を決める法律が作られています。

キーワード【不文憲法《ふぶんけんぽう》】憲法とは国家を成《な》り立たせるルールです。国家を成り立たせるルールはどんな国にもありますが、それを憲法典《けんぽうてん》という名の文章にしたのが「成文憲法《せいぶんけんぽう》」です。日本を含《ふく》め多くの国には、成文憲法があります。これに対し、憲法典化されていない憲法を「不文憲法」と言います。イギリスは、不文憲法の国と言われますが、全く文章がないわけではなく、さまざまな法律に憲法の内容《ないよう》が書いてあります。

お題

「クラスのイヤなところ」

といえば、

友達がイヤです！

6 イジメや嫌《いや》がらせにも憲法で対《たい》処《しょ》する

キーワード

プライバシー権

「友達がイヤ」というのは、翌日《よくじつ》には仲直《なかなお》りできるような、友人トラブルかもしれません。しかし、イジメや嫌がらせの相談は、周りにはささいに見えても、本人にとってはとても深刻《しんこく》なことがあります。今回は、いつものおふざけは控《ひか》えて、真面目に行きましょう。

学校は、「友達と仲良く」を目標《もくひょう》にします。しかし、一生懸命《いっしょうけんめい》に努力をしたけれど、どうしても仲良くできない人もいるでしょう。これは、憲法が保障《ほしょう》する「プライバシー権《けん》」にかかわる問題です。

プライバシーというと、芸能人《げいのうじん》の私《し》生活《せいかつ》ののぞき見なんかをイメージするかもしれませんが、もっと広い内容《ないよう》を持っています。「自分の望《のぞ》まない人には、自分の名前や住所、好きなものを教えなくてもよい」、「自分のことは自分で決めてよい」という権利です。当然、誰《だれ》と仲良くするかを決めるのも、この権利に含《ふく》まれます。

もちろん、苦手な人に対しても、意地悪をしてはいけません。ひどい悪口を言えば名誉毀損《めいよきそん》、暴力《ぼうりょく》をふるえば暴行《ぼうこう》・傷害《しょうがい》にあたり、学校内のこととはいえ、れっきとした犯罪《はんざい》です。ですから、**仲良くできない人とは、適切《てきせつ》な距離《きょり》をとることが大事**です。

イジメや嫌がらせで困《こま》っているなら、このページを保護者《ほごしゃ》に見せましょう。そして、担任《たんにん》や校長先生に相談して、無理に付《つ》き合わなくてよいようにしてもらいましょう。先生たちが真剣《しんけん》に取り合ってくれなくても、あきらめないでください。いじめ防止対策推進法《ぼうしたいさくすいしんほう》によれば、いじめをやめさせるのは教育委員会の仕事です。お住まいの市区町村の教育委員会の電話番号を調べて、電話しましょう。

また、暴力を受けてけがをしたり、お金を取られたりしたときは、学校や教育委員会には手に負えませんから、警察《けいさつ》に相談しましょう。どうしても学校に行きたくないけど、家にもいられないなら、図書館に行ってみましょう。図書館は、本を読む人の秘密《ひみつ》を守るため、学校に告げ口しないはずです。「とにかく話を聞いてほしい」なら、チャイルドライン（0120-99-7777）に電話してみてください。

あなたの話を真剣《しんけん》に聞いてくれる大人は必《かなら》ずいます。信頼《しんらい》できる大人を探すのをあきらめないでくださいね。

キーワード【プライバシー権《けん》】個人情報《こじんじょうほう》コントロール権とも呼《よ》ばれます。名前や住所、かかった病気や信《しん》じている宗教《しゅうきょう》など、自分の情報を、勝手に集められたり、使われたり、バラされたりしない権利です。最近《さいきん》では、個人的《こじんてき》な事柄《ことがら》について自分で決定するという、自己決定権《じこけっていけん》も含《ふく》めて考えることがあります。

お題

「クラスのイヤなところ」

といえば、

班《はん》がイヤ。

7 人と人が一緒《いっしょ》に暮《く》らすために

キーワード

居住移転の自由

班活動の思い出と言えば、壁《かべ》新聞。「明日の作業は7時30分開始」と先生に言われたので、私は時間ちょうどに学校につきました。しかし、教室にはトミナガしかおらず、「30分も遅刻《ちこく》だ！」と怒鳴《どな》ります。私は、「7時30分開始のはずだろ。そんなに早く来てたのなら、どうして作業を進めておかないんだよ」と、余計《よけい》な一言を添《そ》えて怒《おこ》り返しました。するとトミナガは、「だいたい、新聞のネタが、『学校七不思議《ななふしぎ》！　朝になるとミカンジュースが出る水道の蛇口《じゃぐち》』なんて、センスなさすぎだ」と言い返します。私も負けずに、「お前の『体育館の天井《てんじょう》にはさまったバレーボールは誰《だれ》の仕業か!?』の方が、くだらない」と応戦《おうせん》しました。

そこに、他のクラスメートがぞろぞろやってきました。私とトミナガが不思議

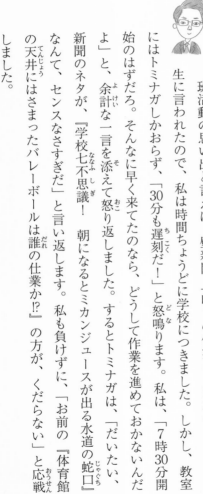

に思い、プリントを確認《かくにん》すると、「7時45分開始」と書いてあるではありませんか。トミナガと私はお互《たが》いイヤになり、「他の班に移《うつ》りたい」と希《き》望《ぼう》しました。しかし、他の班の人々は、「とんでもない勘違《かんちが》いをする人は嫌《いや》だ」と受け入れてくれません。なんて心が狭《せま》いんでしょう。ちょっとケンカしたぐらいで、「他の班に移る」と言い出す私たちの方が、もっと心が狭い気もしますが。

学校で班活動をしていると、「こんなメンバーじゃやってられない!」と思うこともあるかもしれません。でも、そんなときには、「誰か一人だけが我慢《がまん》するのではなく、お互《たが》いの個性《こせい》を生かすにはどうしたらよいのか」を考えてほしいと思います。

ところで、日本は「地方自治《ちほうじち》」という仕組みを採用《さいよう》しています。日本を都道府県や市町村という「班」に分け、それぞれの地域《ちいき》のルール作りやごみ収集《しゅうしゅう》、街づくりなどの仕事を各班に任《まか》せます。この班のことを「地方公共団体《ちほうこうきょうだんたい》」と言います。

そして、憲法は、国民に「居住移転《きょじゅういてん》の自由」を認《みと》めています。**国民は、自分が住む場所を選《えら》ぶことができます**。みんなから「住みたい町」に選ばれるよう、地方自治体が切磋琢磨《せっさたくま》すれば、よりよい班ができていくでしょう。「どんな班なら、みんなが入りたがるかな?」。そんなことを考えながら、班のルールを決められたらいいですね。

キーワード【居住移転《きょじゅういてん》の自由《じゆう》】憲法22条は、職業選択《しょくぎょうせんたく》の自由と並《なら》び居住移転の自由を保障《ほしょう》しています。昔は、農民《のうみん》や領主《りょうしゅ》の家来は土地に縛《しば》られるのが普通《ふつう》で、自分の好きな場所に旅行したり、住む場所を自由に決めたりすることはできませんでした。現代《げんだい》では当たり前に感じるかもしれませんが、居住移転の自由は、自分の好きな仕事や生活をするために、とても大事な自由です。

お題

「クラスのイヤなところ」

といえば、

つくえがきたない男子。

8 他人の机《つくえ》にどこまで落書きできるか？

キーワード

裁判所

小学生にとって、自分だけの空間は貴重《きちょう》です。家では家族に囲まれ、たとえ自分の部屋があっても、家族が無断《むだん》で入ってきます。運悪く隠《かく》しておいたテストが見つかって大惨事《だいさんじ》。「もう家に帰りたくない！」と学校のトイレにこもってはみたものの、そのままだとトイレの花子さんになってしまいます。

そんな中、学校の机は数少ない自分の空間です。先生だって「机の中を整理《せいり》整《せい》頓《とん》しなさい」と指導《しどう》はするけれど、親ほどは口うるさくない。机を自分だけの王国のように感じて、散らかし放題にしている子もいるのでしょう。

ちなみに私は、小学校の机に9×9のマス目を書き込《こ》み、将棋盤《しょうぎばん》にしました。隣《となり》の席のトミナガは、これに対抗《たいこう》して、机を囲碁盤《いごばん》にしようとしました。しかし、囲碁盤は縦横《たてよこ》19本もの線があります。自分の机だけでは入りきらないことを悟《さと》ったトミナガは、私の机にまで線を引こうとしました。私は、学級委員のヤスダ君とタイラさんに訴《うった》えましたが、ヤスダ君は「くだらない仕事をさせるな」、タイラさんは「2人とも落書きをやめなさい」と、助けてくれません。

さて、こうしたいさかいが、もしも実際《じっさい》の土地で起こったらどうでしょう。隣の住人が「どうせ使ってないからいいでしょ」と、私の庭でジャガイモを育て始めたら、それは何としてもやめてもらわなければ困《こま》ります。そこで、憲法32条は、「裁判を受ける権利」を保障《ほしょう》しています。

「権利を侵害《しんがい》された」と考えた場合には、裁判所に訴《うった》えれば、法律に基《もと》づいて、誰《だれ》にどのような権利があるかを判定《はんてい》してくれます。「この土地を使う権利はあなたにあります」とか「あなたはこの土地から出て行く義務《ぎむ》があります」と判断《はんだん》してくれるわけです。

もっとも、裁判所が「Aさんが好きだから」とか、「Aさんがお金をくれたから」といった理由でAさんの味方をしたのでは困ります。そこで、憲法は、裁判官は法律と良心のみに従《したが》って判断しなくてはならないと定めています。

私も裁判所に相談すれば、良かったかもしれません。でも、よく考えると、机は学校の物です。裁判所もタイラさんのように、「落書きしないで大切に使ってください」と言ったでしょうね。落書きしてごめんなさい。

一般的《いっぱんてき》な学校用机《がっこうようつくえ》は
天板《てんばん》にメラミン化粧板《けしょうばん》が
貼《は》られています
お手入《てい》れは
水拭《みずぶ》きか
中性洗剤《ちゅうせいせんざい》を
つかってください
・・・
二階建《にかいだ》て
漆塗《うるしぬ》り
拡張型《かくちょうがた》
特注品《とくちゅうひん》

キーワード【裁判所《さいばんしょ》】裁判所は、人々の間で法律上の争《あらそ》いが生じた場合に、どんな権利《けんり》・義務《ぎむ》があるかを判《はん》断《だん》します。公平な裁判になるよう、憲法はさまざまな工夫《くふう》をしています。例えば、お金で判断を左右されないよう、十分な給料《きゅうりょう》がもらえるように身分保障《みぶんほしょう》をしたり、政治的《せいじてき》な圧力《あつりょく》を受けないよう、裁判官の独立《どくりつ》を保障したりしています。

お題
「クラスのイヤなところ」
といえば、

先生！

9 嫌《いや》な人がいたら、どうするといい？

キーワード
表現の自由

嫌《いや》な先生にあたると、本当に学校が嫌になっちゃいますよね。

もし、深刻《しんこく》な問題のある先生でしたら、「友達がイヤ」な場合と同じです。あなたの心身の安全を第一に考える必要《ひつよう》があります。保護者《ほごしゃ》と相談して、「先生のどんな行動について困《こま》っているのか」を具体的《ぐたいてき》に先生に伝えましょう。このとき、先生を責《せ》め立てるのではなく、あなたがとても「困っている」ということをしっかり伝えるようにしましょう。そうすれば、どう改善《かいぜん》すればよいのかも伝わりやすくなります。それでも改善しない場合には、校長先生や教育委員会、警察《けいさつ》、チャイルドラインなどに相談してください。本気で考えてくれる人を探《さが》すのが大切です。

さて、それほど深刻なわけではなく、「ともかくそりが合わない」場合にはど

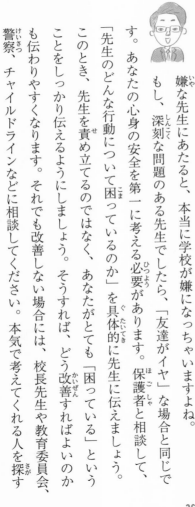

うしたらいいか。これは、作家になる大チャンスです！

福永令三《ふくながれいぞう》さんの『クレヨン王国のパトロール隊長』を読んだことはありますか？　この物語の入り口は、みんなには好かれているけど、主人公にとっては最悪な先生との出会いです。サリンジャー『ライ麦畑でつかまえて』だって、アラン・シリトー『長距離《ちょうきょり》ランナーの孤独《こどく》』だって、大人に対する子どもの怒《いか》りが、物語の出発点です。

嫌なことがあったとき、本当に深刻《しんこく》な問題なら、そこから逃《に》げ出さねばなりません。でも、「まだ私には余裕《よゆう》がある」と思えるときには、「嫌なこと」を観察してみましょう。何が嫌なのか。なぜそれが嫌なのか。本当はどうしてほしいのか。なぜ相手は、嫌なことをしてくるのか。どうしたら相手は嫌なことをやめてくれるのか。ケストナーの『飛ぶ教室』に出てくる先生って、一風変《か》わっているけれど、いざというときには頼《たよ》りがいがありますよね。これも、嫌な先生や好きな先生を観察して、「こんな先生がいたらいいな」を物語にしたのだと思います。

いま感じていることをノートに書いてみてください。「頭の中」を「ノート」に移《うつ》すだけでも、嫌な感情《かんじょう》から少し離《はな》れられ、頭も気持ちも整理がつくことがあります。そこから物語が生まれるかもしれません。

私は中学時代に、「モリグリ先生」との出会いがありました。この出会いが、憲法の勉強をするきっかけの一つにもなっているのですが、その話はまたの機会《きかい》にしましょう。

わたしがかいた
担任《たんにん》のヤマグチ
先生《せんせい》と
はなちゃんがかいた
ヤマグチ先生《せんせい》
おなじ先生《せんせい》を
かいたのに
こんなに
ちがうなんて

キーワード【表現《ひょうげん》の自由】 物語を創《つく》る自由は、憲法21条1項《こう》「表現の自由」によって保障《ほしょう》されています。感《かん》性豊《せいゆた》かな作家さんが考えたことを本にしてくれる（表現してくれる）ことで、皆さんもそれを追体験《ついたいけん》できます。ですから、表現の自由は、表現する人にとっても、それを受け取る社会にとっても大事な権利です。

イントロダクション

ある日の放課後《ほうかご》、トミナガ他数人が、図書係の仕事で学校に残《のこ》っていました。仕事を終えて、帰り支度《じたく》をしているところに、突然《とつぜん》、嵐《あらし》がやってきました。これでは、家に帰れません。先生たちが、「天気《てんき》予《よ》報《ほう》だと1時間もすれば嵐は終わるみたいだよ」と言うので、みんなは、しばらく図書室で待つことにしました。

それにしても退屈《たいくつ》です。ヨネダ君が「ここにある本を使って、旅行をしよう」と言い出しました。本棚《ほんだな》には、修学旅行先《しゅうがくりょこうさき》のガイドブックや、『ガリバー旅行記』など、旅気分に浸《ひた》れそうな本はたくさんあります。

ところが、ここでトミナガが、ややこしいことを言い出します。「旅行の本を読んで、旅行した気分になるのは当たり前だ。旅行と一番関係《かんけい》なさそうな本を読んで、どれだけ旅行した気分になれるかに挑戦《ちょうせん》すべきだ」。これにキタムラさんが続きます。「なるほど。虎穴《こけつ》にイラズンババランね」。何のことやらさっぱりわかりませんが、旅行と最《もっと》も関係のなさそうな本として選《えら》ばれたのが、隅《すみ》でほこりをかぶった『日本国憲法』でした。

『日本国憲法』を開こうとしたとき、カミナリがピカリゴロゴロと鳴り、みんなが身震《みぶる》いしました。と同時に、身長30cmくらいのダンディなおじさんが机《つくえ》の上に立っていたのです。トミナガが、「あんた誰《だれ》？ なんで、ここにいるの？」と聞きました。おじさんは、「憲法学者のアキヤマと言います。実は幽霊《ゆうれい》なんです」と名乗りました。

「幽霊」といえば、気味の悪いイメージがありますが、アキヤマさんはいたって紳《しん》士《し》的《てき》です。ただ体が小さすぎる。なんで、そんなサイズなんだろう？ と思っていると、ミステリー好《ず》きのツクイさんが言いました。「あなた、ひょっとして、アフタヌーン龍之介《りゅうのすけ》さんの小説《しょうせつ》に出てくるアキヤマさんじゃないですか?」

ツクイさんによると、「アキヤマさん」というのは、『東海道線各駅停車殺人事件《とうかいどうせんかくえきていしゃさつじんじけん》』の中で、犯人《はんにん》がケチャップのついた服を洗《あら》っているところを目撃《もくげき》して殺《ころ》されてしまった人物のようです。アキヤマさんは、涙交《なみだま》じりの声で言いました。「そんな酷《ひど》い死に方をしたのが許《ゆる》せなくて、幽霊になってしまったんです。トホホホホ」。本の中で殺されて幽霊になるなんて、なんとも変わった幽霊です。

トミナガは、「それはちょうどよかった。今から憲法を旅することになったんだよ。だから、ガイドをお願《ねが》い」と言いました。こうして、アキヤマさんと図書係の憲法の旅が始まったのです。

コラム●旅する憲法②につづく。

お題

「おすすめの本」

といえば、

『カワセミの森で』

10 逮捕《たいほ》された人は、本当に悪いの？

キーワード

適正手続き

私も、『カワセミの森で』の著者《ちょしゃ》・芦原《あしはら》すなおさんの作品が大好きで、『青春デンデケデケデケ』を愛読《あいどく》しました。

私はよく、「自分はこの中の誰《だれ》に当たるだろう？」と、登場人物の誰かに自分を重ねて本を読みます。先日、登場人物のAさんになったつもりでミステリーを読み始めたら、19ページめで殺される被害者《ひがいしゃ》でした。その後はAさんの出番が全くなく、寂《さび》しい思いをしました。その反省《はんせい》から、次のミステリーでは、絶対《ぜったい》殺されなそうなBさんになったつもりで読みました。最後《さいご》まで生きてはいたのですが、Bさんが犯人《はんにん》だったため、逮捕《たいほ》されてしまいました。うまくいかないものです。

ところで、「逮捕された人はどうなるのだろう？」と気になりませんか。ミステリーは、真犯人《しんはんにん》を暴《あば》いたところで終わってしまいますが、その後のことを知り

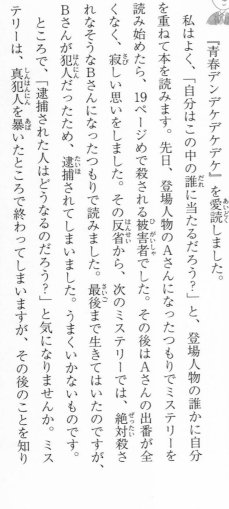

たければ、ぜひ、憲法を読んでみましょう。

皆さんの祖父母が生まれる前くらいの日本では、公権力《こうけんりょく》に目をつけられた人は、拷問《ごうもん》されたり、はっきりした理由もないのに逮捕されたり、無実《むじつ》を訴《うった》えるチャンスを十分に与《あた》えられないまま刑罰《けいばつ》を科されたりということが、しばしばあったそうです。

こうした過《あやま》ちを繰《く》り返さないため、日本国憲法は、犯罪《はんざい》の捜査《そうさ》や裁判が「適正《てきせい》な手続《てつづ》き」の下に行われるよう求めています。例えば、拷問は絶対にやってはいけません。警察《けいさつ》が人を逮捕するには、逮捕に十分な理由があることを裁判官に説明して、逮捕を許可《きょか》する「令状《れいじょう》」を出してもらわなければいけません。

ここで疑問《ぎもん》があります。罪《つみ》を犯《おか》したと疑《うたが》われるような悪い人を、なぜこんなに大事にするのでしょうか。悪いことをした人は、容赦《ようしゃ》なく責《せ》め立《た》て、刑罰を科すべきではないのでしょうか。

私も痛《いた》ましい事件《じけん》を見ると、犯人をとても憎《にく》らしく思います。しかし、**本当に罪を犯したかどうかは、丁寧《ていねい》に調べなければわかりません**。拷問をされたら、そのつらさに耐《た》えられず、「私がやりました」とウソの自白をする人も出てくるでしょう。これでは事件の真相解明《しんそうかいめい》は遠ざかってしまいます。また、たとえ真犯人だったとしても、不当《ふとう》な手続きで刑罰を科せば、警察官や裁判官が「正しくない人」になってしまいます。

憲法の適正手続きは、正しい刑罰のために、不可欠《ふかけつ》な条件《じょうけん》なのです。

キーワード【適正手《てきせいて》続《つづ》き】憲法31条は、「何人《なんぴと》も、法律の定める手続《てつづき》によらなければ…刑罰《けいばつ》を科せられない」としています。しかし、「法律で定めさえすれば、ひどい手続きで、ひどい刑罰を科してもよい」というのでは困《こま》ります。このため、「刑罰の手続きを法定《ほうてい》するだけでなく、刑罰の内容も法定し、さらに、その内容と手続きが適正であることも要求《ようきゅう》している」と解釈《かいしゃく》されています。

お題
「おすすめの本」
といえば、

ヨシタケシンスケ先生の本！

11 あの大臣《だいじん》が「ヤバいかもしれない」と思ったら？

キーワード
内閣総理大臣

ヨシタケシンスケ先生の絵本、面白いですね。『りんごかもしれない』のりんごのように、よく知っているつもりのものでも、改《あらた》めてじっくり見つめていると、新しい世界が開けてくるものですよね。

そういえば小学校のころ、私とトミナガは、ヨネダ君から仙台土産《せんだいみやげ》の「ずんだだんご」をもらいました。枝豆《えだまめ》をすりつぶして作った〝ずんだあん〟をかけたおいしいお団子《だんご》です。

「ズンダダンゴ」という初《はじ》めての響《ひび》きに興奮《こうふん》したトミナガは、「ズンダズンダ♪」と妙《みょう》な節をつけて歌いだしました。私がつられて「ダンゴダンゴ♪」と続《つづ》けると、ヨネダ君も「ズンダダ、ズンダダ、ダンゴダンゴ♪」と曲を展開《てんかい》させます。いつの間にか、私やヨネダ君は、「ズンダダンゴは、お菓子《かし》ではなくダンスの名前か

。まさに、「かもしれない」

さて、この「かもしれない」現象《げんしょう》内閣総理大臣《ないかくそうりだいじん》について起きたらどうなるでしょうか。

内閣総理大臣は、国の仕事全体のリーダーです。ちゃんとした人を選《えら》ばなければならないので、全国民の代表である国会議員《こっかいぎいん》の皆さんが慎重《しんちょう》に選びます。しかし、**選んだときは素晴《すば》らしい人に見えたのに、そのあとの行動をよくよく見ていると「ヤバいかもしれない」と思えてくることもあります。**皆さんだって、「みんなのために頑張《がんば》ります」と約束して学級委員に選ばれた人が、当選《とうせん》したとたんに、「俺と俺の言うことを聞くやつは、掃除《そうじ》当番を免除《めんじょ》する」なんて言い出したら困《こま》るでしょう。

そんなことになったら、どうすればよいのでしょうか。憲法は、国会の衆議院《しゅうぎいん》が「あなたたちは内閣《ないかく》にふさわしくありません」と不信任《ふしんにん》の決議《けつぎ》をすることで、内閣を辞《や》めさせることができると定めています。そして、衆議院が不信任決議を出すかどうかは、衆議院議員《しゅうぎいんぎいん》を選ぶ国民が、「あの人たちは内閣にふさわしくない」と考えているか次第です。国のリーダーがちゃんと仕事をしてくれるように、皆さんも、この国のリーダーが何をやっているのかに関心《かんしん》を持ってくださいね。

キーワード【内閣総理大臣《ないかくそうりだいじん》】 国の仕事は、法律《ほうりつ》を作る「立法《りっぽう》」、その法律に従《したが》って、税金《ぜいきん》をとったり、橋を架《か》けたり、学校を運営《うんえい》したりする「行政《ぎょうせい》」、法律を使って人々の争《あらそ》い事《ごと》を裁《さば》く「司法《しほう》」の3つに分かれます。行政の責任者《せきにんしゃ》は、財務《ざいむ》大臣《だいじん》・文部《もんぶ》科学《かがく》大臣《だいじん》など専門《せんもん》の大臣からなる内閣です。内閣総理大臣は、内閣のリーダーです。

お題

「おすすめの本」

といえば、

手《て》塚《づか》治虫《おさむ》先生の漫画《まんが》！

12 「出席番号順」は不平等《ふびょうどう》か？

キーワード

平等権

漫画雑誌《まんがざっし》には、読者によるハガキアンケートがあります。人気のない連《れん》載《さい》は、どんなに偉《えら》い人が描いていても、容赦《ようしゃ》なく打ち切りにされてしまうらしいのです。手塚治虫先生は漫画界《まんがかい》の神様でしたが、雑誌の競争《きょうそう》は神様に対しても平等で、人気が出なかったせいで打ち切りになった作品が幾《いく》つもあるそうです。そんな厳《きび》しい世界で活躍《かつやく》し、数々の名作を残した先生は、とても偉《い》大《だい》です。

ところで、「激《はげ》しい競争と平等」と言われて思い出すのが「から揚《あ》げ」です。小学校では、人気の給食に「あまり」が出ると、クラスみんなで争奪戦《そうだつせん》になります。トミナガの好物《こうぶつ》は、から揚げでした（食べ物を大事にするトミナガは、あらゆる給食が好物でしたが）。から揚げにあまりが出た日にも、当然、トミナガは争奪戦に名乗りを上げました。普通《ふつう》なら、じゃんけんをやって話は終わりです。

しかし、その日のトミナガの相手は、クラス内じゃんけんで23連勝中《れんしょうちゅう》のフジタ君。23連勝なんてただの偶然《ぐうぜん》なはずですが、トミナガは、「じゃんけんで決めるのは不平等だから、出席番号順で決めよう」と言い出しました。しかし、出席番号はあいうえお順ですから、トミナガの勝ちは明らか。平等もなにもあったものではありません。フジタ君は、「出席番号とから揚げは何も関係《かんけい》がない。だから、この前の漢字テストの点数で決めよう」と言い返しました。彼の口調はあまりに冷静で、誰《だれ》も「漢字テストとから揚げにも何の関係もない」ということに気づきませんでした。結局、漢字王の異名《いみょう》をとるフジタ君の勝ちになりました。今思うと、これはこれで、不平等だった気がします。

このような不平等に出会うと、嫌《いや》な気分になります。**不平等に扱《あつか》うということは、その人を大事にしない、他の人と同じような尊《とうと》い存在《そんざい》と認《みと》めないということ**です。そこで、憲法は、全ての個人《こじん》を平等に扱わなくてはならないと定めています。

ちなみに、「読みたい本」を決めるときには、平等なんて気にせずに、自分自身が「おもしろい！」と思う本を手にとってくださいね。もちろん、全ジャンルから平等に選書《せんしょ》するのもあなたの自由です。

キーワード【平等権《びょうどうけん》】憲法14条1項は、「すべての国民は、法の下に平等である」と定めています。条文は「国民」となっていますが、日本の裁判所は、平等権は外国人にも保障《ほしょう》されると理解《りかい》しています。この権利は、あらゆる人を同じに扱うことを要求する権利ではなくて、きちんとした理由のない区別を禁《きん》じる権利だとされています。

協力：手塚プロダクション

お題
「おすすめの本」

といえば、

『二分間の冒険《ぼうけん》』と『選《えら》ばなかった冒険』

13 「有罪《ゆうざい》」はどう決まるか？

キーワード
推定無罪の原則

『二分間の冒険《ぼうけん》』、『選《えら》ばなかった冒険』。いずれも、ありふれた日常《にちじょう》からふとしたきっかけで、竜《りゅう》あり魔法《まほう》ありの不思議《ふしぎ》な世界に入り込《こ》み、冒険が始まる。とても魅力的《みりょくてき》な物語ですね。

この本を読んで、私はトミナガ家の「アイス事件《じけん》」を思い出しました。私はほとんど毎日トミナガの家に遊びに行っていました。その日は、「お母さんがアイスを買っておいてくれた」とトミナガから聞いていたので、2人で期待を胸《むね》に冷《れい》凍庫《とうこ》を開けました。しかし、アイスはない。

私たちは、先に帰宅《きたく》していたトミナガ兄を疑《うたが》いました。トミナガ兄は、トミナガがわざわざ大事にとっておいたおやつを「嫌《きら》いだったみたいだから、食べておいてやった」と、食べてしまうような人物です。おまけに、30分ほど前に冷凍庫

を開ける姿を、私たちは目撃《もくげき》していました。

トミナガ兄を問い詰《つ》めると、「冷凍庫を開けたら、突然《とつぜん》不思議な光が輝《かがや》いて、冷凍庫に吸《す》い込《こ》まれ、気が付《つ》くと不思議な国にいた」と言い出しました。ミカン3世と名乗るしゃべる冷凍みかんと出会い、カチコチに凍《こお》った空飛ぶじゅうたんに乗って、あらゆるものを凍らせる冷凍コロッケの体をもった魔女《まじょ》と戦った、と言うのです。

異世界冒険《いせかいぼうけん》もののお話では、不思議な黒猫《くろねこ》（『二分間の冒険』）やウサギの穴《あな》（『不思議の国のアリス』）、洋服ダンス（『ナルニア国ものがたり』）などが異世界の入り口になるわけですが、家の冷凍庫とは、ずいぶん間の抜《ぬ》けた入り口です。しかし、お話がやたらと面白かったので、私とトミナガはアイスのことがどうでもよくなりました。そして、「人をむやみに疑うのは良くないよ」というトミナガ兄の言葉に、ついつい納得《なっとく》してしまいました。

ところで、無実の罪《つみ》で人を罰《ばっ》しては、取り返しがつきません。ですから、犯罪《はんざい》をやったかどうかを認定《にんてい》する裁判《さいばん》（刑事裁判《けいじさいばん》）では、「その人は無罪《むざい》だ」と推定《すいてい》します。つまり、**検察官《けんさつかん》の側が「この人が犯人《はんにん》だ」と明確《めいかく》に証明《しょうめい》しない限《かぎ》り、有罪《ゆうざい》にしてはならない**のです。これを、「推定無罪《すいていむざい》の原則《げんそく》」といいます。

ただ、今考えると、トミナガ兄は、やはり有罪だった気がします。無罪の推定はしつつも、ごみ箱にアイスの棒《ぼう》が捨てられていないかをチェックして、「動かぬ証拠《しょうこ》」を突《つ》き付けるべきだったかもしれません。

キーワード【推定無罪《すいていむざい》の原則《げんそく》】刑事裁判《けいじさいばん》にかけられた人を被告人《ひこくにん》と言います。「被告人は無罪である」との推定を置いたうえで、刑事手続《けいじてつづ》きを進めるのが原則です。疑《うたが》わしいというだけで人を罰《ばっ》してはならないこと、犯罪《はんざい》を立証《りっしょう》する側《がわ》の検察官《けんさつかん》・警察官《けいさつかん》には、被告人の側にはない、逮捕《たいほ》や強制捜査《きょうせいそうさ》などの強い権限《けんげん》が与《あた》えられていることが、推定無罪の原則を置く理由です。

お題

「おすすめの本」

といえば、

『キリマンじゃろ』

14 平等・公正に、ルールを使うには？

キーワード

権力分立

『キリマンじゃろ』は、動物園の飼育員《しいくいん》さんが動物たちの様子を描《えが》いたマンガですね。私も動物園が大好きで、旅先で各地《かくち》の動物園に足を運びます。

そして、昼寝《ひるね》中のレッサーパンダやら、背《せ》泳ぎをするペンギンやら、石像《せきぞう》かと思ったら突如《とつじょ》として動き出すワニやらに遭遇《そうぐう》しました。

先日、トミナガと地元の動物園に行ったときのこと。ライオンの紹介文《しょうかいぶん》が書かれた看板《かんばん》の前で、トミナガがプルプル震《ふる》えています。何事かと思ってのぞいてみると、こう書いてありました。「名前：タローくん」、「性格《せいかく》：くいしんぼう。人間が大好き」。

「くいしんぼう」と「人間が大好き」という性格は、それぞれバラバラに書いてあったならば、いたってほほえましい話です。しかし、これが並《なら》んでいると、

「人間が好物《こうぶつ》の人食いライオンなのではないか」と心配しなければなりません。
「分けるべきものは、きちんと分けよう」という原則《げんそく》は、憲法にもあります。
「権力分立《けんりょくぶんりつ》」と呼《よ》ばれるとても大切な原則です。

例えば、サッカーで「手を使うのは反則《はんそく》」と決めてゲームを始めたのに、「テヅカ君は性格がいいから、今回は許《ゆる》してあげよう」とか「トミナガの反則は特別に厳《きび》しくしてマイナス10点にしよう」とか言い始めたら、ゲームは大混乱《だいこんらん》になるでしょう。これは法律も同じです。「物を盗《ぬす》んだら犯罪《はんざい》」とあらかじめ決めておいたのに、「偉《えら》い人がやったときは特別に無罪《むざい》にします」とか「トミナガがやったときは有無《うむ》を言わさず死刑《しけい》です」とか言い始めたら、平等で公正な社会は成《な》り立たなくなってしまいます。

では、平等・公正にルールを適用《てきよう》するにはどうしたらいいでしょうか。**ルールを決める人と、審判《しんぱん》が同じ人だと、その人の気分次第でルールがころころ変《か》わってしまいます。**そこで憲法は、国のルールを作る国会（立法権《りっぽうけん》）と、ルール違反《いはん》をチェックする裁判所（司法権《しほうけん》）とをしっかり分けるように命じています。

このように、権力《けんりょく》をその種類ごとに分担《ぶんたん》させることを、一般《いっぱん》に「権力分立」といいます。憲法は、「国会を衆議院《しゅうぎいん》と参議院《さんぎいん》に分ける」、「国会と内閣《ないかく》の仕事を分ける」、「国と都道府県、市町村の仕事を分ける」などさまざまな権力分立を定めています。

キーワード【権力分立《けんりょくぶんりつ》】権力を種類ごとに分けて、異《こと》なる機関《きかん》に担当《たんとう》させようという考えを権力分立と言います。権力分立は、権力者が自分勝手なことをするのを防《ふせ》ぎます。また、それぞれの機関が得意分野《とくいぶんや》を担当することで、効率《こうりつ》よく責任《せきにん》を果《は》たせます。

くわ
タローくん
(オス)
性格《せいかく》:
くいしんぼう
人間《にんげん》が大好《だいす》き

夏

お題

「暑くなったらすること」

「夏休み！」

「夏休みの反省」

お題

「暑くなったらすること」

といえば、

衣替《ころもが》え！

15 大臣《だいじん》や官僚《かんりょう》を監視《かんし》するには？

キーワード

国政調査権

衣替えの思い出といえばエビフライです。中学校指定の衣替えの日。その日の給食当番がトミナガだと聞いて、私は朝から嫌《いや》な予感がしていました。給食の時間になり、私もクラスメートの列に並《なら》んで、ごはん、コーンスープ、キャベツサラダと順に盛《も》り付けてもらいました。いよいよメインのエビフライ、担当《たんとう》はトミナガです。それまで無難《ぶなん》に当番をこなしていたトミナガの手元が、不《ふ》意《い》に狂《くる》いました。私のお皿には、ずるりと衣のはげた「ただのエビ」がのっていました。

さすがのトミナガも気まずそうな顔をしていましたが、突然《とつぜん》、笑顔になってこう言いました。「今日から、エビフライも衣替えをしたんだよ」

思わず納得《なっとく》しそうになりましたが、「うまいことを言えばよい」というもので

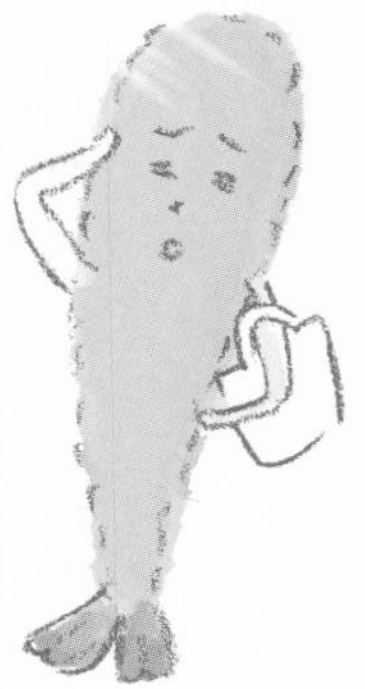

はありません。トミナガの「エビフライ定食」と私の「エビ定食」を交換《こうかん》して、落とし前をつけてもらいました。

さて、国の仕事を任《まか》されている大臣《だいじん》や官僚《かんりょう》を「行政機関《ぎょうせいきかん》」といいます。もしも、大臣が賄賂《わいろ》の見返りに特別な補助金《ほじょきん》をあげたり、警察官《けいさつかん》がお友達の犯罪《はんざい》を見逃《みのが》したりしたなら、国民は「国家はずるい」と思うでしょう。そして、「あんなやつらの決めた法律は守らない。税金《ぜいきん》も納《おさ》めない」と言い出すでしょう。これでは国家が成《な》り立ちません。

国民の信頼《しんらい》を守るため、憲法は国会に、行政を監視《かんし》するよう求《もと》めています。国会が作った法律を、きちんと執行《しっこう》しているか。大臣が勝手に国の財産《ざいさん》を使い込《こ》んでいないか。こうしたことを、国民に代わって国会が監視するわけです。

行政を監視するために、憲法62条は、証人《しょうにん》を呼《よ》んで証言《しょうげん》をさせたり、記録となる文書等を要求したりする権限《けんげん》を国会に与《あた》えています。例えば、賄賂を贈《おく》った疑《うたが》いのある人を国会に呼び出して、問《と》い詰《つ》めることができます。

大臣や官僚たちは、基本的《きほんてき》には優秀《ゆうしゅう》な良い人たちです。しかし、**どんなに良い人でも、強大な権限があれば、ずるをする誘惑《ゆうわく》に勝てないこともあります。だからこそ厳《きび》しい監視が必要《ひつよう》なのです。**

うまいことを言ってその場逃《のが》れをしようとしても、きちんと責任《せきにん》を取らせる。それが、将来《しょうらい》のおいしい給食や、公平な国家を実現《じつげん》するためには必要です。

キーワード【国政調査権《こくせいちょうさけん》】衆議院《しゅうぎいん》と参議院《さんぎいん》には、国の活動を調査《ちょうさ》する権限《けんげん》が与えられています。これを国政調査権といいます。行政機関《ぎょうせいきかん》はもちろん、裁判所の活動も調査できます。ただし、政治家《せいじか》が裁判所を脅《おど》したりしたら、公正な裁判ができなくなってしまいます。このため、裁判の内容《ないよう》や事件《じけん》の処理《しょり》の仕方を調査することまでは許《ゆる》されません。

お題
「暑くなったらすること」といえば、

朝シャン！

16 「永田町《ながたちょう》」と呼《よ》ぶのはどんなとき？

キーワード
全国民の代表

私は「朝シャン」という言葉が生まれたきっかけのテレビCMをかすかに記憶《きおく》している世代です。いまでもその呼《よ》び名が使われていることに、とてもうれしくなりました。

ところで、この手の略語《りゃくご》には流行や個人《こじん》の好《この》みがあり、「人に通じない」、「何を言われているかがわからない」ということもよくあります。先日、トミナガと喫茶店《きっさてん》に行ったところ、彼は「レスカ」を注文しました。当然、お店の人は「?・?・?」となります。普通《ふつう》ならそこで、わかるように注文し直すところでしょう。しかしトミナガは「だから、レスカですってば、レ・ス・カ」と全く動じません。

トミナガは、昔から独創的《どくそうてき》な略語を使う人でした。「クドナルド」に行こうと言

われて、よくわからないままついていくと、そこは、マクドナルドでした。「リガリん」を食べようと言うのでついていくと、トミナガはスーパーで、ガリガリくんを買っていました。

略語とは違《ちが》うのですが、政治の世界では、何かを表すときに地名が使われることがあります。例えば、国会や国会議員《こっかいぎいん》の皆《みな》さんのことを「永田町《ながたちょう》」と言います。国会議事堂が東京都千代田区《とうきょうとちよだく》永田町にあるから、そう呼ぶのです。「永田町では、○○大臣は、週明けにも辞任《じにん》するというウワサがかけめぐっている」などという言い方で、国会議員の様子を言ったりするわけです。

ただ、「永田町」という言葉を使うのは、「国会議員にしか通用しない行動基準《こうどうきじゅん》で動いている」という雰囲気《ふんいき》があるときが多いように思います。例えば、「国民の常識《じょうしき》は永田町の非常識だ」みたいな言い方はしても、「国民のために永田町は力を尽《つ》くしている」みたいな言い方はあまりしません。

憲法は、国会議員は全ての国民の代表でなければならない（43条）**と定めています**から、「永田町」という言葉で呼ばれる機会が減《へ》っていくと良いですね。

ちなみに、「レスカ」を注文したトミナガのところには、カフェインレスカフェオレがやってきました。でも、トミナガが注文したかったのは、レモンスカッシュだったのです。自分にしか通用しない言葉というのは、怖《こわ》いものです。

キーワード【全国民の代表】憲法43条は、衆議院《しゅうぎいん》と参議院《さんぎいん》の「両議院は、全国民を代表する選挙された議員でこれを組織《そしき》する」と定めています。これは、国会議員《こっかいぎいん》は、特定《とくてい》の会社や職業《しょくぎょう》の人、宗教団体《しゅうきょうだんたい》や思想を持った人のためだけに仕事をするのではなく、全ての国民のために仕事をしなければならないということを表しています。

お題
「暑くなったらすること」

といえば、

やっぱり花火！

17 将棋《しょうぎ》をするために、花火を中止にできるか？

キーワード
公共の福祉

中学生の頃《ころ》、クラスの友達と花火大会に行きました。厳正《げんせい》なるあみだくじの結果、私とヤトー君が場所取り係に選《えら》ばれ、朝から、敷物《しきもの》、蚊取《かと》り線《せん》香《こう》、熱中症対策飲料《ねっちゅうしょうたいさくいんりょう》、将棋の盤駒《ばんごま》その他を持って会場に向かいました。

首尾《しゅび》よく絶好《ぜっこう》の場所を確保《かくほ》すると、花火の打ち上げまで、私とヤトー君は、将棋の三番勝負を始めました。夕方までに一勝一敗。緊張《きんちょう》の中、第三局を始めた頃に、クラスメートがぞくぞくと集まってきました。そして、「将棋盤を真ん中に置《お》くのは邪魔《じゃま》だ」とか「花火が始まるからやめたらどうか」と、私たちを非難《ひなん》しました。しかし、私もヤトー君も将棋に夢中で耳に入りません（これを「盤上没《ばんじょうぼっ》我《が》」と言います）。花火の打ち上げが始まると、ヤトー君は、「うるさいから、あの花火を止めてくれ！」と激怒《げきど》しました（これを「本末転倒《ほんまつてんとう》」と言います）。

ヤトー君のために花火大会を中止できないのは当然ですが、時には、中止もやむを得《え》ないということもあります。私の地元でも、あまりにもたくさんのお客さんが集中して、十分な警備《けいび》ができないという理由で中止になりました。とても残念ですが、楽しいはずの花火大会で人が亡《な》くなったりしては、本末転倒です。

憲法が保障《ほしょう》する自由についても、やむを得ず制限《せいげん》する場面があります。例えば、「表現《ひょうげん》の自由」は大切ですが、人の名誉《めいよ》を傷《きず》つけるうそをついてはいけません。また、「職業選択《しょくぎょうせんたく》の自由」があるからといって、ルパン三世のように盗《ぬす》みを職業にされては社会が成り立ちません。

では、権利を制限してよいかどうかは、どうやって決めるのでしょうか。憲法は、**「権利の重要性《じゅうようせい》に照《て》らしても、公共《こうきょう》のためにどうしてもやむを得ない」と言える理由があるかどうかで判断《はんだん》する**ように求《もと》めています。そのような理由のことを「公共の福祉《ふくし》」と言います。

「うるさくて将棋に集中できない」は、ヤトー君のわがままに過《す》ぎませんが、「人の命や身体の安全を守る」は、公共のためといえそうですね。皆さんも、どんな理由なら自由の制限を正当化する公共の福祉になるのか、考えてみてください。憲法を学ぶのは、自由と公共の福祉のバランスを学ぶことでもあります。

わたしたちは
花火《はなび》をたのしむ
ためのグループ
日暮《ひぐ》れの火《ひ》だるま団《だん》!
きょうは
わたしの家《いえ》の庭《にわ》で
花火《はなび》をします
でもその前《まえ》に
花火反対派《はなびはんたいは》と
公共《こうきょう》の福祉《ふくし》について
討論《とうろん》します
はんたい
しずかなくらしを
守《まも》る会《かい》のおふたり

キーワード【公共《こうきょう》の福祉《ふくし》】憲法上の自由を制限《せいげん》するには、国家権力《こっかけんりょく》の側《がわ》が、公共の福祉を実現《じつげん》するのに必要《ひつよう》であることを説明《せつめい》しなければなりません。その昔、公共の福祉は、「自由を押《お》しつぶす全体の利益《りえき》」というニュアンスを持ちましたが、最近《さいきん》では、「国家権力が自由を制限するときに守るべき規範《きはん》」と位置付《いちづ》けられています。

といえば、

扇風機《せんぷうき》を出します！

18 どんな人にも保障《ほしょう》されている権利は？

キーワード
人権

扇風機《せんぷうき》が発明される前、人はうちわや扇子《せんす》を使っていたことでしょう。私は子どものころ、自分や家族をあおぐ「人間扇風機」として活躍《かつやく》していました。小学校でこの話を友達にすると、漢字王のフジタ君は「僕は人間辞書《じしょ》だ」、学級委員のヤスダ君は「僕は掃除《そうじ》が好きだから、人間掃除機《そうじき》だね」と言い出しました。以下、食器洗《あら》い好きのカシマ君は「人間食洗機」、そろばん1級のハセガワさんは「人間計算機《けいさんき》」などと、自分の得意技《とくいわざ》を自慢《じまん》し合って、楽しんでいました。

ところが、クワガタ捕《と》りが得意なタガワ君が「オレはクワガタ人間だ」と続けたあたりで、雲行きが怪《あや》しくなりました。「人間○○機」は、「○○が得意な人間」のことでしょう。しかし、「妖怪《ようかい》人間」が本当は人間ではないように、「○○

人間」は怪物のように感じます。クラスに微妙《びみょう》な空気が漂《ただよ》う中、トミナガが静《しず》かに「僕は半額《はんがく》人間だな」と言いました。みんなは困惑《こんわく》しました。「『自分の存在価《そんざいか》値《ち》なんて普通《ふつう》の人の半分しかない』と悩《なや》んでいるのではないか」と心配する子も出てきました。こうして、「人間○○機」ネタは幕《まく》を閉じました。

さて、憲法が国民に保障《ほしょう》する人権とは、「人間が人間である」というただそれだけの理由で保障される権利です。大事なのは、人権は、「その人が素晴《すば》らしい人だから」とか「社会の役に立つから」という理由で保障されるのではないということです。例えば、有名な小説家や、テレビ局の人でなくても、伝えたいことがあるすべての人には、表現《ひょうげん》の自由が保障されます。

なぜ、人権をそのように定義《ていぎ》するのでしょうか。もしも、「素晴らしい人」や「役に立つ行為」だけを保護《ほご》するとしたら、私たちの生活は、常《つね》に「価値があるか?」、「役に立つか?」を問い続けられ、窮屈《きゅうくつ》になってしまいます。また、「誰《だれ》から見ても絶対に素晴らしい人」などいません。**もしも、価値のない人の排除《はいじょ》を認《みと》めれば、いずれあらゆる人が排除されるでしょう。だから、人権は、「全ての人間の権利」と定義しなくてはならないのです。**

ところで、後日、トミナガとスーパーに行ったとき、彼は「半額」シールの貼《は》られるタイミングを当てる名人であることがわかりました。彼は、自分の存在価値に悩んでいたわけではなかったようです。ああ、良かった。

キーワード【人権《じんけん》】人間が人間であるというだけで保障《ほしょう》される権利を人権と言います。個人《こじん》として尊重《そんちょう》される権利、差別《さべつ》をされない権利、表現の自由、理由なしに身柄《みがら》を拘束《こうそく》されない権利、奴隷《どれい》にされない権利などが人権の具体例《ぐたいれい》です。個人の人権を保障するのは、憲法の最《もっと》も重要《じゅうよう》な役割《やくわり》とされ、日本国憲法第3章は、さまざまな人権を保障しています。

「第1章 天《てん》皇《のう》」をよむ

玉ねぎは涙《なみだ》の象徴《しょうちょう》？

嵐《あらし》の中、図書室に残された図書係。彼らが、旅に出た気分になろうと『日本国憲法』を開いたところ、アキヤマさんという憲法学者の幽霊《ゆうれい》が現《あらわ》れました。トミナガたちは、すかさず、憲法を読んで旅に出た気分になれるように、アキヤマさんにガイドを求《もと》めるのでありました。

アキヤマ　日本の憲法の第1章は「天皇」です。まず、条文《じょうぶん》の穴埋《あなう》めクイズをしてみましょう。（A）に入る言葉はわかりますか？

> 第1条　天皇は、日本国の（A）であり日本国民統合《とうごう》の（A）であつて、この地位《ちい》は、主権《しゅけん》の存《そん》する日本国民の総意《そうい》に基《もと》づく。

キタムラ　わかった！「不動《ふどう》の四番」ね。

アキヤマ　正解は「象徴」です。

ヨネダ　わかったような、わからないような条文だなあ。象徴って、それを見ると、別のものを思い浮《う》かべてしまうものだよね？

アキヤマ　その通りです。第１条は、「国民は、天皇を見ると、日本という国があることを思い浮かべますよね」と言っているわけです。

ヨネダ　なぜ、わざわざ「思い浮かべますよね」なんてことを憲法の条文に書くんですか？

トミナガ　確《たし》かに。「ライオンは勇気の象徴だ」とか、「玉ねぎは涙《なみだ》の象徴だ」なんて憲法に書かないな。

アキヤマ　玉ねぎは、涙の象徴ではなくて、原因《げんいん》ではないでしょうか……。ただ、ヨネダさんの疑問《ぎもん》は、ごもっともです。憲法の第１条は、「天皇が象徴だ」とわざわざ書いたというより、「天皇は、昔は、日本を支配する全ての権力《けんりょく》を持っていたけれど、今は、象徴としての役割しか残っていません」ということを書いてあるのです。

ツクイ　「主権の存する日本国民」と書いてあるように、「主権者は国民」だから、天皇には、「象徴としての地位」しか残っていないのね。

アキヤマ　そうです。憲法の教科書には、だいたいそういう風に書いてあります。

キタムラ　で、第１章の残りはどんな条文なわけ？

アキヤマ　こんな感じです。

第2条　皇位《こうい》は、世襲《せしゅう》のものであつて、国会の議決《ぎけつ》した皇室典範《こうしつてんぱん》の定めるところにより、これを継承《けいしょう》する。

第3条　天皇の国事に関《かん》するすべての行為《こうい》には、内閣《ないかく》の助言と承認《しょうにん》を必要《ひつよう》とし、内閣が、その責任を負ふ。

第4条　天皇は、この憲法の定める国事に関する行為のみを行ひ、国政に関する権能《けんのう》を有しない。
天皇は、法律《ほうりつ》の定めるところにより、その国事に関する行為を委任《いにん》することができる。

アキヤマ　第3条や第4条を読むと、天皇は「国事に関する行為」を行うことがわかりますね。これを「国事行為」と言います。国事行為とは、内閣総理大臣《ないかくそうりだいじん》・最高《さいこう》裁長官《さいちょうかん》の任命、法律の公布、衆議院《しゅうぎいん》の解散《かいさん》などのことです。国家の根幹《こんかん》に関《かか》わる行為をします。

ヨネダ　そんな国家の根幹に関わるようなことを天皇がやるんじゃ、ぜんぜん、国《こく》民主権《みんしゅけん》じゃないじゃないですか。

トミナガ　そうだよ。天皇のやりたい放題じゃないか。

アキヤマ　そんなに慌《あわ》てないでください。ほら、第3条には、天皇の国事行為は、全て「内閣の助言と承認」が必要と書いてあるでしょう。内閣の助言・承認がないと、天皇は、何もできないんです。内閣は、国民の代表が集まる国会で選ばれますし、もっと先の章にいくとわかりますけど、助言と承認も勝手にはできないことになっています。

キタムラ　第4条には、天皇は国事行為「のみ」しかやらないって書いてありますね。

アキヤマ　そうなんですよ。天皇のできることは、とても限定《げんてい》されています。それに、第2条で、「皇位継承《こういけいしょう》」つまり、誰《だれ》を天皇にするかや、次の天皇の決め方は、天皇陛下《へいか》じゃなくて、国会が決めた皇室典範という法律で決まるんです。

ヨネダ　えー、それじゃあ、天皇は、何もできないじゃないですか。

トミナガ　そうだよ。ひどいじゃないか。

アキヤマ　そういう面もありますよね。でも、前の憲法の時代には、天皇に権力を集中したせいで、民主主義や人権保障《ほしょう》が十分にはできなかった。そこを反省して、天皇の行為は、国民の代表が選んだ内閣がコントロールしようということになったんです。

アキヤマさんのガイドは、はじまって早々《そうそう》、いろいろ大変そうなのでした。

コラム●旅する憲法③につづく。

お題

「夏休み!」

といえば、

ラジオ体操《たいそう》!

19

「家」と「外」の境目《さかいめ》はどこ?

キーワード

住居の不可侵

ある遠足の日、鎌倉《かまくら》の大仏《だいぶつ》を見学していた私たちに、先生は「この大仏は1000年もここに座っています」と説明しました。これを聞いたトミナガは、「なるほど。大仏さんは、1000年もラジオ体操をさぼっているのか」とつぶやきました。私はあまりにあきれて、銅像《どうぞう》のように黙《だま》り込《こ》みました。

トミナガは先生の言葉を本気で受け止めすぎる子どもでした。例えば、「夏休みの宿題をちゃんとできるかは、自分との闘《たたか》いだ」と先生に言われ、「自分との闘いでは、どこを攻《せ》めると勝てますか?」と聞いたりしました。先生も答えに窮《きゅう》したことでしょう。

さて、遠足が無事に終わって解散《かいさん》するとき、先生が「家に帰るまでが遠足です」と言いました。「家に帰るまでの間も、交通事故《じこ》にあったりしないように、

気を抜《ぬ》いてはいけない」ということです。ここでトミナガは、「家に帰っただけで気を抜いてよいのか？」と問題提起《もんだいていき》しました。彼の家には、アイスを勝手に食べてしまうお兄さんやら、水をやらないとすぐへそを曲げて枯《か》れてしまうアサガオやらがいます。彼の理屈《りくつ》では、「家に帰り、アイスを食べ、アサガオに水をやるまでが遠足だ」というのです。

でも、もしも家に帰っても遠足が続《つづ》くのだとしたら、家で悪いことをしたときに、親だけでなく先生にまで叱《しか》られることになってしまうではないですか。そんなのまっぴらごめんです。

やはり「家」と「外」との境目《さかいめ》は重要《じゅうよう》です。公園や道路にお友達がいても特に文句《もんく》はありませんが、呼《よ》んでもないのに、突然《とつぜん》トミナガが家に上がり込《こ》んできたら、おかしいと思うでしょう。**誰《だれ》だって、人に会いたい気分のときもあれば、そうでないときもあります。そうした気持ちを尊重《そんちょう》するには、それぞれの人に、自由に使える空間が必要《ひつよう》です。**

そこで、憲法は、「住居《じゅうきょ》の不可侵《ふかしん》」を定めました。その家の人の許可《きょか》がない限《かぎ》り、住居に入ってはいけないということです。

私は、団体《だんたい》行動嫌《ぎら》いにもかかわらず、夏休みのラジオ体操には欠かさず参加していました。「早朝から友達と会える」という非日常《ひにちじょう》が好きだったのです。ラジオ体操の行き帰りには危《あぶ》ないこともありますので、ぜひ「家に帰るまでがラジオ体操」と思って、楽しい夏休みにしてください。

キーワード【住居《じゅうきょ》の不可侵《ふかしん》】憲法35条は、人々の穏《おだ》やかな生活を守るため、住居の不可侵を定めています。この権利の保障《ほしょう》はかなり強く、犯罪捜査《はんざいそうさ》のために警察官《けいさつかん》が家に立ち入る場合も、公平な裁判官《さいばんかん》の許可《きょか》が必要《ひつよう》です。裁判所が住居内《じゅうきょない》の捜査《そうさ》を許可したことを証明《しょうめい》する書類《しょるい》を「令状《れいじょう》」と言います。

お題

「夏休み！」

といえば、

キャンプファイア！

20 ドイツの「憲法」は日本のお手本

キーワード
ドイツ連邦共和国基本法

キャンプファイアの目玉といえば、クラスの出し物。「炎《ほのお》の反対側《はんたいがわ》が見えない」というキャンプファイアの特徴《とくちょう》からすれば、演劇《えんげき》は難《むずか》しい。ということで、我々6年1組の出し物は合唱になりました。賢《かしこ》くて無難《ぶなん》な選択《せんたく》です。

しかし、トミナガが「ただの歌ではつまらない」と言い出しました。ヨネダ君やツクイさんも同調しました。3人であーだこーだと議論《ぎろん》をして、出てきた結論《けつろん》は、「誰《だれ》でも知っている日本の歌を外国語に訳《やく》して歌おう」。当時は、日本の歌を中国語訳で歌うお茶のCMがはやっていたので、それに影響《えいきょう》されたのでしょう。

私は「CMソングの歌詞《かし》をどこかで探《さが》してくればいいか」と思っていたのですが、無難嫌《ぶなんぎら》いの3人は、「英語ではつまらないので、ドイツ語にしよう」と言い出しました。もっとも、トミナガ一派《いっぱ》が、面倒《めんどう》なドイツ語翻訳《ほんやく》を引き受けるはず

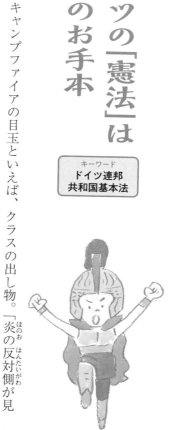

もありません。お鉢《はち》は私に回ってきました。「和独辞書《わどくじしょ》を引いて適当《てきとう》に単語つなげるだけでいいから。どうせ誰にもわかんないんだし」と言われ、私は、「うれしいひなまつり」をドイツ語に訳すことになったのです。

タイトルは「グリュックリッヘス・クライネスフェスト」、「あかりをつけましょ」は「イッヒ・シャルテ・ダス・リヒト・アイン」といった調子で訳していって、トミナガ一派に伝えたところ、「アニメの必殺技《ひっさつわざ》のようだ」と勝手に盛《も》り上がり始めました。その日から、トミナガ一派は、何かというとドイツ語の単語を口ずさむようになり、6年1組の会話は必殺技だらけになりました。

さて、ドイツは、憲法についてとても高度な理論《りろん》を編《あ》み出した国です。ですから、ドイツに留学《りゅうがく》したり、ドイツの憲法を研究して論文《ろんぶん》を書いたりする日本の憲法学者もたくさんいます。**日本にはない憲法裁判所の制度《せいど》があったり、首相の議《ぎ》会解散権《かいかいさんけん》と議会からの不信任決議《ふしんにんけつぎ》のやり方に特色があったりしてとても面白いのです。**

ただ、今のドイツには、「憲法」という名前の法典《ほうてん》はありません。他の国なら憲法と呼《よ》ぶべき法典には、「基本法《きほんほう》」という名前がついています。ドイツ語で言うと、「グルントゲゼッツ」。やはり、必殺技っぽくてカッコいいですね。

キーワード【ドイツ連邦《れんぽう》共和国基《き》本法《ほんぽう》】 ドイツは、第二次世界大戦後、東西《とうざい》に分裂《ぶんれつ》しました。西ドイツは、「いつか東西統一《とういつ》したら本当の憲法を作ろう」と、憲法と呼《よ》ぶべき法律を、「つなぎの法律にすぎない」という意思を込《こ》めて「基本法」と名付けました。ただ、「基本法」が思いのほかドイツ社会にしっかり定着したため、東西ドイツ統一後の今でも、ドイツの憲法は「基本法」のままです。

お題

「夏休み！」

といえば、

職場《しょくば》体験をします！

㉑ 権利は使うからこそ意味がある

キーワード
国民の不断の努力

私の中学校の職場体験は大型《おおがた》スーパーでした。私たちの班《はん》は、子ども服売り場でマネキンに服を着せました。女子が手際《てぎわ》よく女の子服のマネキンを完成《かんせい》させるのを横目に、私は子ども用浴衣《ゆかた》の着付けに手を焼《や》いていました。何とか帯《おび》を巻《ま》き終えたところで、指導《しどう》のサトウさんに、「それ、帯じゃなくてネクタイ」と指摘《してき》されました。まったくひどい目にあいました。ひどい目にあったのは、私ではなくマネキンですが。

そんな中、「ただいま、Y中学の制服《せいふく》を着たトミナガ君とおっしゃるお子様が、迷子《まいご》センターにいらっしゃっています。引率《いんそつ》のヤマダ先生は、至急《しきゅう》、4階の迷子センターまでお越《こ》しください」という館内放送が耳に入ってきました。私は、自分の耳を疑《うたが》いましたが、学級委員のタイラさんも目を丸くしていたので、空耳で

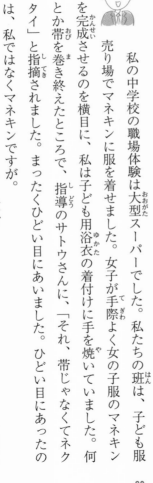

はなさそうです。

無事に戻《もど》ってきたトミナガに話を聞くと、売り場見学ツアー中に班のみんなとはぐれてしまい、迷《まよ》わず迷子センターに駆《か》け付けたと言います。「恥《は》ずかしくなかったのか？」と聞くと、「迷子センターを利用《りよう》するのは、子どもの権利だ。全く恥ずかしくなんかない。それに、自分が利用しておけば、将来《しょうらい》、迷子になった中学生や高校生も遠慮《えんりょ》なく迷子センターに行けるはずだ」と言います。

このトミナガのセリフは、憲法上の権利を考える上でも、とても大切です。権利は、使ってこそ意味があります。そして、**私たちが権利の行使を遠慮すると、将来の国民が権利を行使しにくくなってしまいます。**例えば、日本国憲法は表現《ひょうげん》の自由を保障《ほしょう》しています。うそやプライバシー侵害《しんがい》は許《ゆる》されませんが、そうでなければ、政府《せいふ》に対しても、国会議員《こっかいぎいん》に対しても、憲法学者に対しても、自由に文句《もんく》や批判《ひはん》を言えます。もしも、「政府に批判すべきところがあるのに、批判を控《ひか》える」という人が増《ふ》えていけば、後に続《つづ》く人々は、どんどん自由な批判や表現ができなくなるでしょう。

授業中《じゅぎょうちゅう》に「わからないことがあったら手を挙《あ》げて」と言われて、手を挙げるのを遠慮すると、誰《だれ》も手を挙げられなくなるのと同じです。

そこで憲法12条は、「この憲法が国民に保障する自由及《およ》び権利は、国民の不断《ふだん》の努力《どりょく》によつて、これを保持《ほじ》しなければならない」と、国民に権利を行使し、保持する義務《ぎむ》を定めているのです。

キーワード【国民の不断《ふだん》の努力《どりょく》】「権利は義務《ぎむ》とともにある」と言われることがありますが、「義務を果《は》たさなければ、権利を行使してはならない」なんてことはありません。そこで言う「義務」とは、「権利をきちんと行使し、権利を行使しやすい環境《かんきょう》を作る義務」です。憲法12条の「不断の努力」って、他の条文《じょうぶん》に比《くら》べて、ずいぶん力強い言葉ですよね。憲法12条に込《こ》められた気合を感じとってください。

お題

「夏休み！」

といえば、

やっぱり旅行！

22 私たちには、どんな「自由」が保《ほ》障《しょう》されているのか？

キーワード

学問の自由

旅行といえば修学旅行《しゅうがくりょこう》。中学の修学旅行先は京都でしたので、私たちは新横浜《しんよこはま》から新幹線《しんかんせん》に乗ることになりました。

学校が予約《よやく》した「指定席」車両に向かう途中《とちゅう》、「自由席」車両を発見したトミナガが言いました。「自由席ってことは、横になって眠《ねむ》ったり、花火をやったりしていいってことだよな」。これを聞いた将棋《しょうぎ》好きのヤトー君は「正座《せいざ》して将棋ができる」、漢字王のフジタ君は「自由に書道の練習ができる」と続《つづ》きました。

確《たし》かに「自由」と聞くとワクワクします。でも、新幹線で花火なんて、絶対《ぜったい》にダメです。将棋や書道をやったら振動《しんどう》で駒《こま》や墨《すみ》が飛び散ってしまうでしょう。そもそも、「自由席」は、事前に座席が指定されていない席のこと。先客のいない席の中からなら、自由に選《えら》んで座ってよいというもので、何でもかんでも自由に

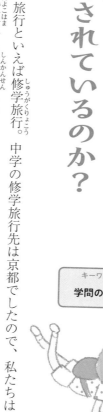

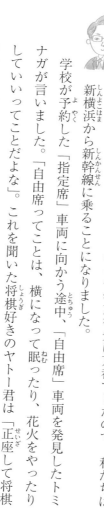

すごして良い席ではありません。

ところで、「自由」と聞いてやりたくなることは、花火だったり、将棋だったり、書道だったり、人それぞれに異《こと》なります。そこで**憲法は、「原則として、国《こっ》家権力《かけんりょく》は国民の自由を縛《しば》ってはならない」という考えの下、さまざまな自由を保《ほ》障《しょう》しています。**憲法上の権利を定めた日本国憲法の第3章には、頭の中では何を考えてもよいという思想・良心の自由（19条）、どんな宗教を信《しん》じるか、信じないかは自分で決めてよいという信教《しんきょう》の自由（20条）、人に伝えたいことは、どんどん伝えてよいという表現の自由（21条）、ケーキ屋さんでもお花屋さんでも、自分の好きな仕事に就《つ》いてよいという職業選択《しょくぎょうせんたく》の自由（22条）など、くどいぐらいに自由が書いてあります。ちなみに、国内でも海外でも、行きたいところに行ってよいという旅行の自由は、居住移転《きょじゅういてん》の自由として職業選択の自由と同じ22条で保障されています（もちろん、自分の時間とお金の許《ゆる》す範囲《はんい》ですが）。

「旅行の自由なんて当たり前でしょ」と思うかもしれませんが、歴史的《れきしてき》には、農《のう》民《みん》が出ていくのを防《ふせ》いだり、都市の人口を抑制《よくせい》したりするために、移動《いどう》が制限《せいげん》されていた時代がありました。旅行に行ったら、ぜひ、憲法22条のことも思い出してみてください。

また、時間があったら、憲法の条文《じょうぶん》を読んでみてください。あなたはどの自由が一番好きですか？　私は学者なので、学問の自由を保障した23条が一番好きです。

キーワード【学問の自由】学問は、権力《けんりょく》への迎合《げいごう》ではなく、真理の追究を目的《もくてき》にしているので、権力者の思《おも》惑《わく》と対立することもあります。しかし、政治や権力の都合で、「この実験成果《じっけんせいか》をなかったことにしろ」とか「この論文《ろんぶん》を出すのをやめろ」と強制《きょうせい》されては、学問は成《な》り立ちません。そこで、憲法23条は、学問の自由を手厚《てあつ》く保障《ほしょう》しているのです。

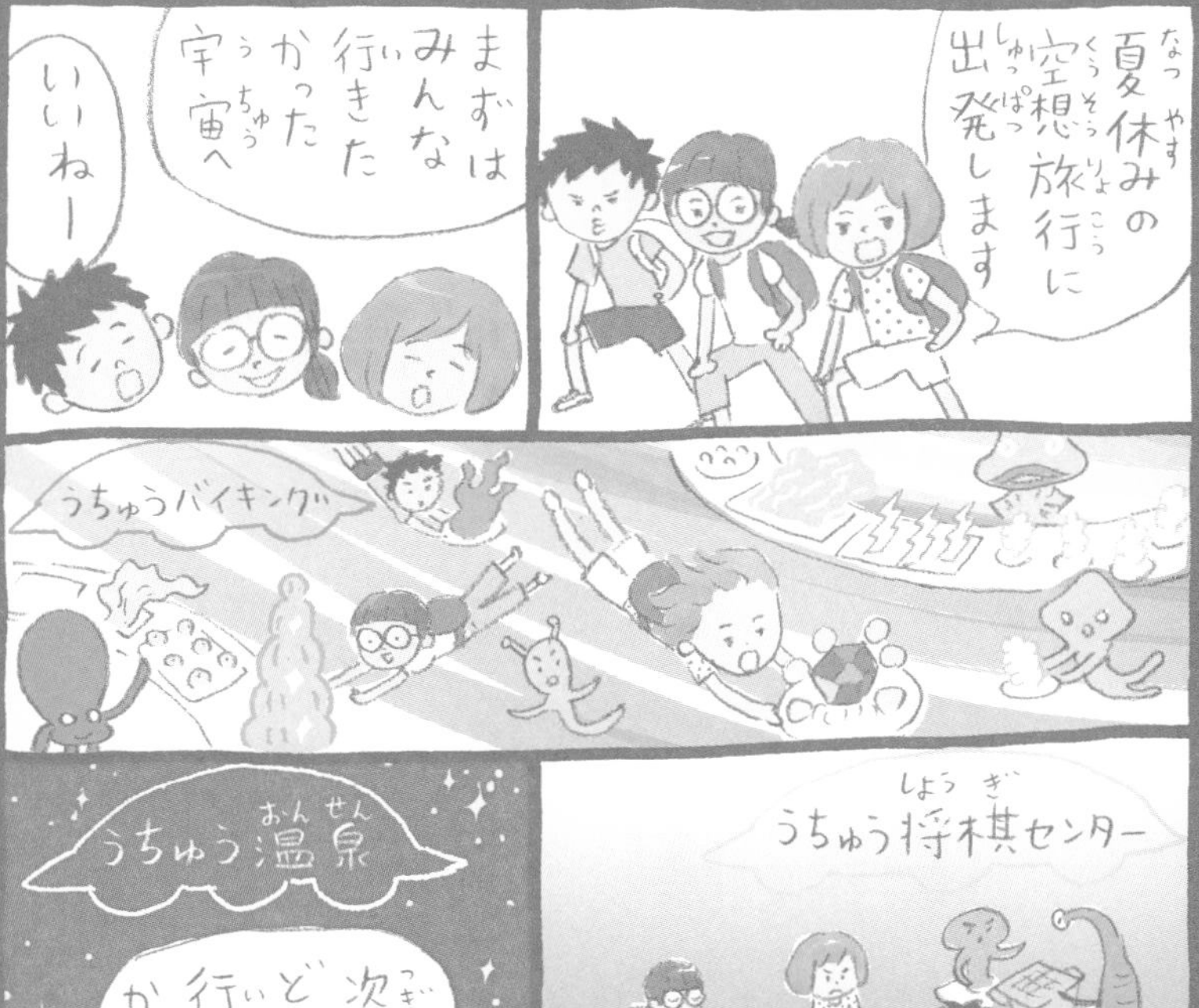

お題

「夏休みの反省」

といえば、

1学期の復習《ふくしゅう》がやるやる詐欺《さぎ》でした。

23 国家のやるやる詐欺《さぎ》を見《み》逃《のが》さない

キーワード
請求権

「復習やるやる詐欺とは、お主も悪よのお」

時代劇風《じだいげきふう》の書き出しにしてしまいましたが、私の小学校でも「やるやる詐欺」があふれていました。宿題やるやる詐欺、日直で黒板消す消す詐欺、借りたマンガ返す返す詐欺、掃除《そうじ》当番やるやる詐欺、ヘチマに水やるやる詐欺などなど。

中でも印象的《いんしょうてき》だったのは、メロン争奪戦《そうだつせん》です。給食の残り物を分配するには、ジャンケン大会をすることが多いでしょう。フジタ君は、ジャンケンのとき、「俺はグーを出す」とか「今日は、チョキの気分だな」と宣言《せんげん》し、実際《じっさい》にその通りに出し続《つづ》けていました。

そうして迎《むか》えた、2学期最終《さいしゅう》給食《きゅうしょく》日《び》のメロン争奪戦。我らがトミナガとフジタ君の対決となりました。フジタ君の宣言は「グー」。トミナガは「もはや勝ったも同然」と余裕《よゆう》の表情《ひょうじょう》で、パーを出しました。

しかし、フジタ君はまさかのチョキ。トミナガは、フジタ君が半年かけて準備《じゅんび》を重ねた「グー出す詐欺」にまんまとひっかかったのです。フジタ君による「漢字テストの点数でから揚《あ》げかっさらわれ事件《じけん》」に続く悲劇でした。

フジタ君は優勝《ゆうしょう》インタビューで、「いつか切り札になるようにと、宣言を続けてきてよかった」とコメントしました。一方、トミナガは「ギャフン」と言い残して、昼休みに入りました。負けてギャフンと言う人って、本当にいるのですね。

さて、憲法の第一の役割《やくわり》は、国民の自由を保障《ほしょう》することです。ですから、憲法上の権利の章には、「自由な表現《ひょうげん》を抑圧《よくあつ》するな」、「どんな宗教《しゅうきょう》を選《えら》んでも刑罰《けいばつ》を科すな」など、国家に対して「〇〇をやるな」と求める自由権《じゆうけん》の規定《きてい》がたくさんあります。しかし、中には、「きちんと裁判をしてくれ」、「健康で文化的な最低《さいてい》限度《げんど》の生活ができるようにしてくれ」、「鉄道工事などで土地を強制的《きょうせいてき》に奪《うば》うなら、きちんと補償金《ほしょうきん》を払《はら》ってくれ」といった、国家に対して「〇〇をしろ」と要求《ようきゅう》できることを定めた規定もあります。こうした権利を請求権《せいきゅうけん》と呼びます。

請求権は「国家には、これだけはやってもらわないと困《こま》る」というものばかりです。こうした権利が、やるやる詐欺になっては困ります。国民は、国家が請求権の実現《じつげん》をさぼっていないかを、きちんと見張《みは》っておかなければいけません。

キーワード【請求権《せいきゅうけん》】国家に対して「○○をするな」と要求する権利を自由権、「○○をしろ」と要求する権利を請求権と呼《よ》びます。請求権には、公正な裁判をしてもらう権利などの「国務《こくむ》請求権《せいきゅうけん》」と呼ばれるグループと、生存権《せいぞんけん》や教育を受ける権利など社会保障《しゃかいほしょう》を受けるための「社会権」と呼ばれるグループとがあります。

お題

「夏休みの反省」

といえば、

ラジオ体操《たいそう》をさぼったこと……

24 前《ぜん》文《ぶん》は、何のためにあるのか？

キーワード

憲法前文

私が参加《さんか》していたラジオ体操《たいそう》では、最終日《さいしゅうび》に遅刻《ちこく》せず出席すると、スイカをもらえました。その日、私は少し寝坊《ねぼう》したものの、「ラジオ体操第一、用意」の掛《か》け声とともに、しっかりと体操しました。私が充実感《じゅうじつかん》とともにスイカの列に並《なら》んでいると、トミナガがにらみながら近づいてきました。

ラジオ体操が始まる前には、歌があります。新しい朝が来たことへの大いなる喜《よろこ》びから始まり、「それ、1、コーン（鐘《かね》の音）、2、コーン、3、コーン」で締《し》める例《れい》の歌です。私はこの日、「1、コーン」のところで会場に入り、「3、コーン」のところで持ち場についたのでした。

トミナガは、「この歌こそラジオ体操の精神《せいしん》だ。歌に参加しなかったヤツは遅刻だ。スイカをもらってはいけない」と主張《しゅちょう》します。私は、「せっかくだから、

スイカでも食べながら話そう」と提案《ていあん》しました。

2人でスイカを食べながら、「どこからがラジオ体操か」を議論《ぎろん》しました。私は「運動会のラジオ体操では歌なんか歌わない」と主張しましたが、トミナガは「運動会の方が間違《まちが》っている」と譲《ゆず》りません。私は「先生が間違っているというのか」と反論《はんろん》しましたが、トミナガは「先生が間違うなんてよくあることじゃないか」と言います。私は「それもそうだな」と、トミナガの主張に納得《なっとく》しました。負けず嫌《ぎら》いの私でしたが、肝心《かんじん》のスイカは食べられたので、満足でした。

ところで、ラジオ体操の前に歌があるように、たいていの国の憲法には「前文」があります。前文には、その国の歴史、憲法ができた経緯《けいい》、その憲法の中心となる原理などが書かれるのが一般的《いっぱんてき》です。日本国憲法の前文には、国会は国民の代表であること、外国の人々と協調《きょうちょう》すること、自由を尊重《そんちょう》すること、戦争《せんそう》を再《ふたた》び繰《く》り返さないこと、などが書かれています。そして、「日本国民は、国家の名誉《めい　よ》にかけ、全力をあげてこの崇高《すうこう》な理想と目的《もくてき》を達成《たっせい》することを誓《ちか》ふ」と結《むす》ばれています。権力者に憲法を守らせ、憲法に書かれた理想を実現《じつげん》する責任《せきにん》が国民にあることを強調しているのです。

前文は、政治の現場《げんば》でルールとして扱《あつか》われたり、裁判所が訴訟《そしょう》を扱うときの基準《き　じゅん》になったりすることはありません。必要《ひつよう》なことは、すべて本文に条文化《じょうぶんか》されているからです。ただ、**前文は、憲法が何のためにあるのかを思い出すためにとても大事な文章です。**

キーワード【憲法前文《けんぽうぜんぶん》】前文には、各国の憲法の特色《とくしょく》がよく出ています。「この文章が我が国の憲法だ」とアッサリ宣言《せんげん》するだけのもの、世界大戦《せかいたいせん》の歴史《れきし》を反省《はんせい》するもの、自由や人権《じんけん》の大切さを確認《かくにん》するもの、国の歴史をとても長い文章で確認するもの、等々。興味《きょうみ》のある人は、読み比《くら》べてみましょう。

お題

「夏休みの反省」

といえば、

冷たいものを食べすぎた！

25 真偽《しんぎ》の決められない問題に、無理《むり》に答えを出さなくていい

キーワード
信教の自由

夏のひんやりデザートといえば、かき氷。かき氷に夢中《むちゅう》になりすぎて、頭にカキーンとくる痛《いた》みを経験《けいけん》したことのある人も多いでしょう。

夏休みのある日、私はトミナガたちと「なぜ、かき氷を食べると頭が痛くなるのか」を議論《ぎろん》しました。トミナガは、「頭の中が凍《こお》りつくからだ」と言います。私は、「なるほど」と納得《なっとく》しそうになりました。しかし、SF好きのカワダさんは、「かき氷は口の中でとけているのに、頭だけ凍るのは不自然《ふしぜん》だわ」と全面否《ひ》定《てい》。そして、「急激《きゅうげき》に口の中が冷やされて、頭の中にブラックホールが発生し、いろいろなものを吸《す》い込《こ》んでしまうからよ」と言います。頭の中が凍るよりも、ブラックホールができる方がさらに不自然だと思うのですが、カワダさんは自信《じしん》満々《まんまん》です。みんなの話を黙《だま》って聞いていたアサカワさんは、満面の笑みで、「氷

が来て喜《よろこ》んだ妖精《ようせい》が、頭の中でトリプルアクセルを跳《と》ぶからに決まっているじゃない」と言います。

他にもいろいろな意見が出ました。しかし、小学生の私たちには、他の人の頭の中をのぞくすべが有りません。結局、誰の意見が正しいのか、答えが出せないまま話は終わりました。

ところで、宗教上の問題も、誰が正しいのか、答えを出すことができません。例えば、「この世界は神様が作った」という主張《しゅちょう》が正しいかどうか検証《けんしょう》しようにも、神様に実際《じっさい》に会うことはできません。仮《かり》に会えたとしても、果《は》たしてその相手が本当に神様かどうかは調べようがありません。「死んだ人は天国に行く」とか「死んだ人は、世界の終わりの日に復活《ふっかつ》する」という考え方も、実際に死んでから生き返ったり、世界の終わりの日に行けたりするわけではなく、やはり正しいかどうかを確《たし》かめられません。

学校の先生は掛《か》け算九九をきちんと覚《おぼ》えるように指導《しどう》できます。しかし、**真偽《しんぎ》を確かめられない主張を、無理《むり》やりに信《しん》じさせることは許《ゆる》されません。逆に、そうした主張を信じている人に、無理やりに信じるのをやめさせることも許されません。**自分の信念《しんねん》に反することを強制《きょうせい》されれば、とてもつらい状況《じょうきょう》に追い詰《つ》められるからです。

そこで憲法20条1項は、個人《こじん》それぞれに、信教《しんきょう》の自由を保障《ほしょう》し、どんな宗教を信じてもいいし、信じなくてもよい、という自由を保障しています。

キーワード【信教《しんきょう》の自由】憲法20条1項が保障《ほしょう》する信教の自由は、頭の中で宗教《しゅうきょう》を信《しん》じたり信じなかったりする信仰《しんこう》の自由、信じた宗教に基《もと》づいて宗教活動をする自由、同じ宗教を信じる仲間と団体《だんたい》を作る宗教的《しゅうきょうてき》結社《けっしゃ》の自由の3つの内容《ないよう》からなります。また、憲法20条2項は、宗教活動に無理やり参加《さんか》させられない自由を保障しています。

お題

「夏休みの反省」

といえば、

少なかった陽射《ひざ》しを反省中。(太陽より)

26 どんな法も公開されなくてはならない

キーワード

法律の公布

太陽閣下《かっか》からお便《たよ》りをいただいたのは初めてです。夏の陽射《ひざ》しが足りなくて、秋の果物《くだもの》の出来が心配になる年が時々あります。我らが太陽系《けい》の中心に君臨《くんりん》される閣下といえども、きちんと反省していただきたいものです。

私たちが住む惑星《わくせい》では、テレビで天気予報《てんきよほう》が発表されます。小学1年生だった頃《ころ》、遠足の前日にトミナガが言いました。「明日は絶対《ぜったい》に晴れてもらわないと困《こま》る。天気予報のお兄さんに『明日は晴れにしてください』って電話をしよう」。

私は、「天気予報のお兄さんは魔法使《まほうつか》いじゃないんだよ。もしお兄さんが天気を決められるなら、台風が来たり、日照《ひで》りで水不足《みずぶそく》になったりするわけないだろ」と言いました。でも、友達はみんな、私のことなどお構《かま》いなしに、「さすが、トミナガ！　今すぐかけよう」と大はしゃぎです。

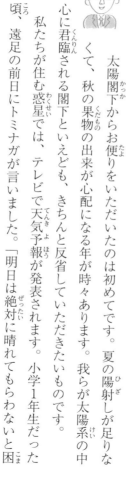

当然ですが、天気予報のお兄さんが、好きなように天気を変《か》えられるわけがありません。天気予報は、人工衛星《じんこうえいせい》や過去《かこ》のデータなどを調べて、予測《よそく》される天気を発表するものです。きちんとした天気予報が発表されるおかげで、朝晴れていても折り畳《たた》み傘《がさ》を持っていったり、台風に備《そな》えて雨どい掃除《そうじ》をしたりと、事前に準備《じゅんび》ができるのです。

ところで、現代の国家は、法律《ほうりつ》ができると、それをみんなに公表しますが、大昔は違《ちが》いました。**法の内容《ないよう》が公表されていなければ、法を守ろうにも守れません。**悪気なくやってしまったことで刑罰《けいばつ》を科されたり、商売で大きな不利益《ふりえき》を受けたりすることもあったでしょう。裁判官が悪い人だったら、自分の勝たせたい方に都合のいい法律をでっちあげてしまうかもしれません。「これでは安心して暮《く》らせない」と、古代ローマでは、法の内容を市民に公表することにしました。これは、法の歴史《れきし》の中で画期的《かっきてき》なことだったと言われています。

憲法は、憲法改正や法律の制定《せいてい》などがあったときには、天皇がそれを公布《こうふ》すること（憲法7条1号）、法律を制定する国会の議論《ぎろん》は、特別《とくべつ》な事情《じじょう》がない限《かぎ》り、公開しなければならないこと（憲法57条1項）を定めています。これによって、国民はどんな法律があるのか、法律が作られるときにどんな議論がなされたのかを、事前に知ることができます。

未来のことがちゃんと予測できると、安心ですね。

キーワード【法律《ほうりつ》の公布《こうふ》】「公布」とは、国民みんなに知らせることです。でも、全ての人に法律の内容《ないよう》を理解《りかい》させることなんて不可能《ふかのう》です。実際《じっさい》には、「官報《かんぽう》」という国の機関紙《きかんし》に、天皇の名前と印を添《そ》えて、法律の文章を掲載《けいさい》しています。法律の内容を知りたいと思った人が、きちんと調べられるようになっていれば良いのです。

「第2章　戦争《せんそう》の放棄《ほうき》」をよむ

矛《ほこ》に貫《つらぬ》かれる不純《ふじゅん》な盾《たて》

アキヤマさんの人生は数奇《すうき》なものです。なにしろ、たまたま乗り合わせた東海道線で、シャツを洗濯《せんたく》している人を目撃《もくげき》し、殺されてしまったのです。あまりにも無念で幽霊《ゆうれい》になったところ、今度は、トミナガたちに「憲法の旅ガイドをしろ」と強要されています。憲法の旅、第2章に突入《とつにゅう》です。

アキヤマ　憲法の第2章は「戦争の放棄」。この章には、第9条しかありません。

第9条

日本国民は、正義《せいぎ》と秩序《ちつじょ》を基調《きちょう》とする国際《こくさい》平和を誠実《せいじつ》に希求《ききゅう》し、国《こっ》権《けん》の発動《はつどう》たる戦争と、武力による威《い》嚇《かく》又《また》は武力の行使《こうし》は、国際紛争《こくさいふんそう》を解決する手段《しゅだん》としては、永久にこれを放棄する。

前項《ぜんこう》の目的を達するため、陸海空軍《りくかいくうぐん》その他の戦力《せんりょく》は、これを保持《ほじ》しない。国の交戦権《こうせんけん》は、これを認《みと》めない。

アキヤマ　「項《こう》」というのは、条文《じょうぶん》の段落《だんらく》のことです。第9条は第1項と第2項の2つの項でできています。

ツクイ　これは有名な条文ですよね。第1項は、武力による威嚇・行使について、「国際紛争を解決する手段としては」禁止しているようです。これ、どういう意味なんですか？

アキヤマ　国と国との争《あらそ》いで自分の意見を通すために、武力や戦争を使ってはいけません、という意味です。

ヨネダ　わかりにくいなー。「侵略戦争《しんりゃくせんそう》はダメ」とか「武力を悪い目的に使ってはダメ」って、はっきり書けばいいのに。

アキヤマ　侵略や悪い目的で戦争をする人たちが、「これから侵略しまーす」とか、「今回の武力行使の目的は、悪い目的でーす」なんて言うわけがないでしょう。ですから、「国と国との争いで自国の意見を通すために武力を使ってはいけません」という条文になっているのです。

ヨネダ　ということは、自分の国が侵略されたときに、武力を使うことまでは禁止してないよね？

ツクイ　でも、第2項は「軍」や「戦力」を持つことを禁止してるわよ。戦力がないなら、侵略を受けたときでも武力は使えないんじゃない？

アキヤマ　第9条だけを読むなら、その通りですね。日本政府も、憲法9条は、第1項・第2項を合わせて読むと、あらゆる武力行使を禁《きん》じているように見えると言っています。

トミナガ　じゃあ、侵略されても、何もできないってこと!?

アキヤマ　そういう意見もあります。ただ、政府は、第13条も一緒に見るように言っています。

第13条

すべて国民は、個人《こじん》として尊重《そんちょう》される。生命、自由及《およ》び幸福追求に対する国民の権利については、公共《こうきょう》の福祉《ふくし》に反しない限《かぎ》り、立法《りっぽう》その他の国政の上で、最大《さいだい》の尊重を必要《ひつよう》とする。

トミナガ　国民の命や自由を守ろう、ってことだな。

キタムラ　9条は「戦力は持つな」、13条は「国民を守れ」。これは「不純《ふじゅん》」ね。

ヨネダ　不純？

キタムラ　知らないの？　昔、中国で、矛《ほこ》と盾《たて》を売っている商人がいたの。その商人が、「この矛で貫《つらぬ》けないものはない。この盾で防げぬものはない」って言うのよ。じゃあ、その矛で、その盾を突《つ》いたらどうなると思う？

ヨネダ　矛の説明通りなら貫けて、盾の説明通りなら貫けない……。

キタムラ　違《ちが》うわ。盾を鋼鉄《こうてつ》で作ったつもりだったんだけど、不純物が混《ま》じっていたから、矛で貫けてしまったのよ。

ツクイ　ちょっと何いっているのよ。ヨネダ君の言う通り、話のつじつまが合わないことを「矛盾《むじゅん》」って言うのよ。

トミナガ　憲法9条と13条は、まるでこの間の遠足のしおりじゃないか。

こう言って、トミナガ、図書室に保管《ほかん》されていた遠足のしおりを持ってきました。
ここには、こんなことが書いてあったのです。

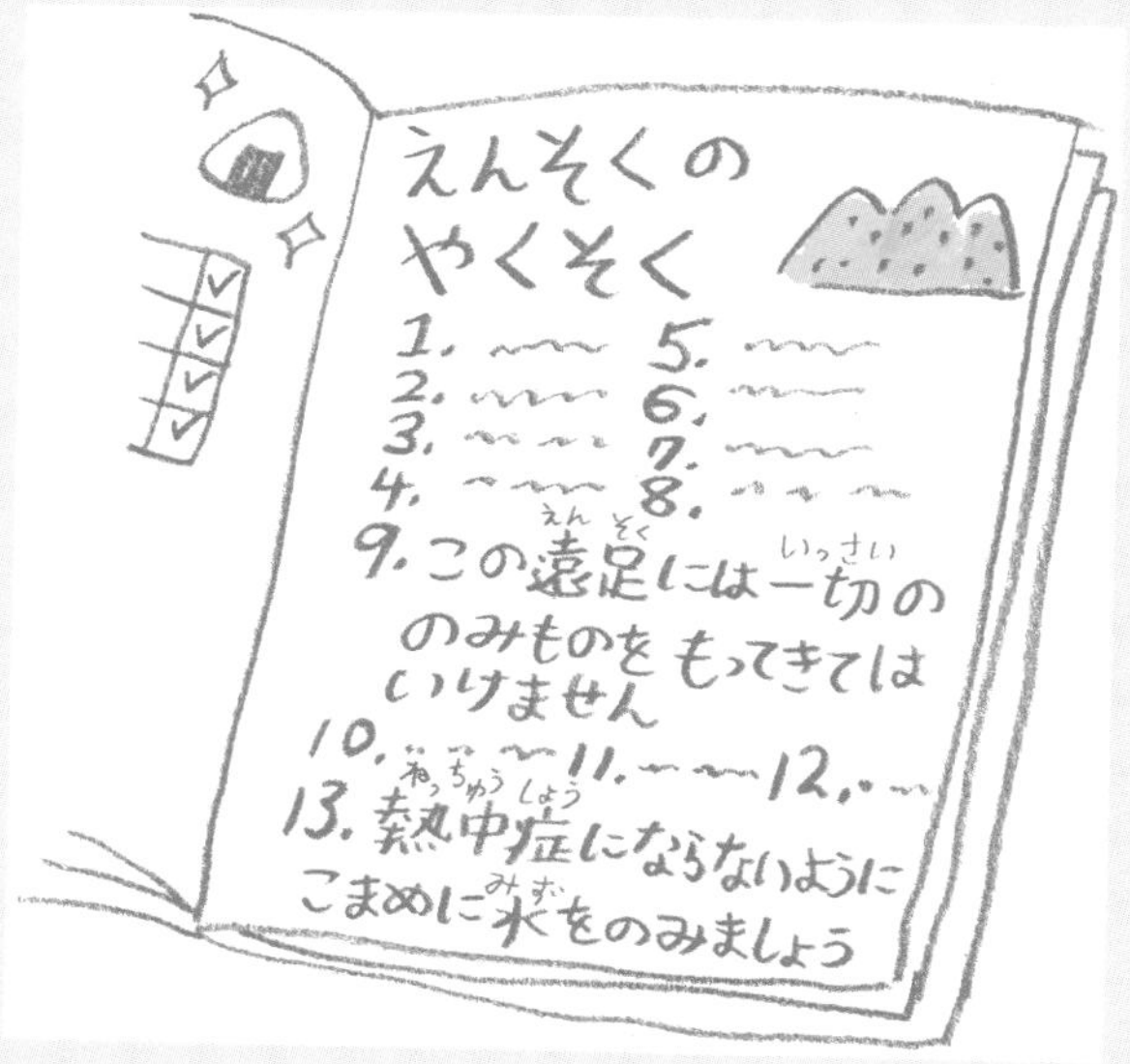
えんそくの
やくそく
1.
5.
2.
6.
3.
7.
4.
8.
9.この遠足《えんそく》には一切《いっさい》の
のみものをもってきては
いけません
10.
11.
12.
13.熱中症《ねっちゅうしょう》にならないように
こまめに水《みず》をのみましょう

アキヤマ　ふーむ。水を持ってきていいのかどうか、よくわからないですね。

ヨネダ　僕は、水も⑨の「飲み物」にあたるけど、⑬は「例外的《れいがいてき》に水だけは持ってきてよい」と言っていると解釈《かいしゃく》しました。

ツクイ　私は、⑬と矛盾しないように⑨を読むと、熱中症《ねっちゅうしょう》予防のための水は⑨の「飲み物」にあたらない。つまり、⑨の「飲み物」とは、ジュースとかお酒のことを指している。こう解釈しました。

アキヤマ　政府の9条解釈は、ツクイさんに近いですね。外国が日本国内を侵略したときに、国民を守るための必要最小限度《げんど》の実力は、第9条の「戦力」にはあたらないと言っています。

憲法の条文は、一つ一つを見るだけではなく、体系的《たいけいてき》に理解《りかい》しなくてはならないことがわかった一行でした。

コラム●旅する憲法④につづく。

秋

お題

「運動会で大事なこと」

「日本のココが心配！」

「サンタさんへのお願い」

お題
「運動会で大事なこと」
といえば、

競技《きょうぎ》が始まるまでの時間。

27 「あえて書かないこと」の大切さ

キーワード
憲法9条

とある音楽の時間。トミナガはリコーダーの「ファ」の音をうまく出せませんでした。指の位置《いち》を微妙《びみょう》にずらしたり、右手と左手を逆《ぎゃく》にしたりと工夫《くふう》しましたが、やっぱりうまくいきません。焦《あせ》れば焦るほど他の音まで狂《くる》ってきて、彼の演奏《えんそう》する「かえるのうた」は、「かえりたくなるうた」になってしまいました。

トミナガがぼそっと、「休符《きゅうふ》のところは、うまくふけるのに」と言うので、私は、「休符は音がないんだから、うまいもへたもないだろう」と突《つ》っ込《こ》みました。

クラスのみんなも、今度ばかりは私に同調しました。

その様子を見ていた吹奏楽部《すいそうがくぶ》のナカムラさんが「演奏で一番難《むずか》しいのは休符なのよ」と怒《おこ》り出しました。釣《つ》り好きのササキ君も、「釣りで一番難しいのも、魚

がかかるまで待つ時間だ」と続《つづ》きます。サッカークラブのアカダ君は「サッカーとは、結局《けっきょく》のところ、ボールを持っていない人間が何をするかだ」と、意味はよくわからないけど、なんだか説得力《せっとくりょく》のあることを言い出します。こうして、私の敗北《はいぼく》が明らかになりました。

確《たし》かに、何もしていない時間が実は一番大事なのかもしれません。運動会の印《いん》象《しょう》を決めるのも、リレーやダンスのキメポイントではなく、「自分の競技《きょうぎ》が始まるまでの時間」ということになるでしょう。

そういえば、憲法でも、「あえて書かないこと」が実はとても大事だったりします。日本はかつてアジア・太平洋地域《ちいき》への侵略行為《しんりゃくこうい》を行い、第二次世界大戦を招《まね》いて、国内外に大きな被害《ひがい》を出しました。このことへの強い反省《はんせい》を示《しめ》すため、日本国憲法9条は、「軍《ぐん》」や「戦力」を持たないと定めました。「軍」や「戦力」を持たないのですから、当然、日本国憲法には、「軍隊《ぐんたい》の最高司令官《さいこうしれいかん》が誰《だれ》か」とか「軍隊を海外に送るかどうかを誰が判断《はんだん》するか」といった、軍隊に関《かん》する条文《じょうぶん》もありません。**「軍隊の条文がない」というところに、「軍隊についての権限《けんげん》を政府に渡《わた》さないぞ」という強い国民の意思が示されているわけです。**

このことは、大日本帝国憲法《だいにっぽんていこくけんぽう》と読み比《くら》べるとより明確《めいかく》です。大日本帝国憲法には、陸海空軍《りくかいくうぐん》を統帥《とうすい》し、軍を編成《へんせい》し、宣戦布告《せんせんふこく》する権利は、天皇にあることが明《めい》示《じ》されていました。「何が書かれていないのか」に着目した方が、特徴《とくちょう》がよくわかることもありますね。

運動会《うんどうかい》は自分《じぶん》の競技《きょうぎ》が始《はじ》まるまでの時間《じかん》をどうすごすかが勝負《しょうぶ》の分《わ》かれ目《め》です
チームメイトの応援《おうえん》
がんばれー
プログラムをチェックし、よゆうをもって行動《こうどう》
そろそろだね
こんなかんじ？
う〜ん
こういうのは？
競技《きょうぎ》の5分前《ふんまえ》までおやつを食《た》べてもいい
もぐもぐ
きんちょうをほぐすため猫《ねこ》とあそぶ
次《つぎ》だ〜
は〜
ニャー

キーワード【憲法9条】憲法9条は、1項で国際紛争《こくさいふんそう》を解決《かいけつ》するための武力行使《ぶりょくこうし》・戦争《せんそう》を禁止《きんし》し、2項で軍《ぐん》や戦力《せんりょく》を持たないと定めます。日本政府は、この条文について、「日本が武力攻撃《ぶりょくこうげき》を受けた場合に、国民を守るための実力を持つことまでは禁《きん》じていないが、それを超《こ》えて、外国を攻撃するための力を持つことは許《ゆる》されない」と理解《りかい》しています。

お題

「運動会で大事なこと」といえば、

かけっこ！

28 全力を尽《つ》くすためのルールが必要

キーワード

衆議院の解散権

運動会のかけっこは、事前に計ったタイムに従《したが》ってレースを組むのが一《いっ》般的《ぱんてき》です。タイムが速いほど後ろのレースに割《わ》り当てられ、最終《さいしゅう》レースはリレー選手がそろう頂上決戦《ちょうじょうけっせん》。ところが、ある運動会の日、足の速さでは学年で3本の指に入るアカダ君が、なぜか第1レースに並《なら》んでいます。結果《けっか》は当然、アカダ君の圧勝《あっしょう》。

運動会後に話を聞くと、タイム計測《けいそく》時にわざと力を抜《ぬ》いて、第1レースに入ったというのです。私たちは「それはひきょうだ」と非難《ひなん》しました。でもアカダ君は、「どのレースでも得点《とくてん》は同じ。僕は、最終グループだと3位の可能性《かのうせい》が高いけど、第1グループなら1位になれる。白組のためにどっちで走った方がいいかは明らかだ」と言います。アカダ君のチーム愛《あい》に、トミナガは感動の涙《なみだ》を流して

います。

でも、全力で走らない方が得をするのは、なんだか変《へん》です。では、アカダ君に全力で走らせるにはどうすればよいでしょうか。例えば、後ろのグループに行くほど得点が高くなるようにしてはどうでしょう。第1レース1位よりも最終レース3位の得点が高ければ、アカダ君は最終グループで頑張《がんば》るでしょう。

ところで、内閣《ないかく》には衆議院《しゅうぎいん》の解散権《かいさんけん》があります。内閣と衆議院の方針《ほうしん》があまりにかけ離《はな》れていると、うまく国が回りません。そこで、衆議院が「こんな内閣は嫌《いや》だ」と内閣に不信任《ふしんにん》を突《つ》き付けた場合に、衆議院を解散して総選挙《そうせんきょ》を行い、内閣と衆議院のどちらを採《と》るのか国民に選《えら》んでもらうのです（憲法69条）。

もっとも、内閣が衆議院を解散できるのは、この場合に限《かぎ》られません。国民に信を問うべき重要な論点《ろんてん》が生じた場合にも、解散できると考えられています。ただし、内閣が与党《よとう》に都合のいいタイミングを選んで解散権を行使するのでは、国民のためになりません。

そこで、**イギリスやドイツでは、「内閣と議会《ぎかい》の意思が対立した場合等でなければ解散権を行使できない」と、法律や憲法でしっかりと制限《せいげん》しています。**日本でも、解散権が党利党略《とうりとうりゃく》ではなく、国民のために行使されるようルールを改《あらた》めるべきではないかという議論《ぎろん》が進んでいます。

かけっこでも政治でも、参加《さんか》する人がそれぞれ全力を尽《つ》くせるよう、上手なルール作りが必要なのは同じですね。

キーワード【衆議院《しゅうぎいん》の解散権《かいさんけん》】衆議院を解散できる場合を定めた憲法の規定《きてい》は、69条の内閣不信任《ないかくふしんにん》しかありません。しかし、憲法7条が、内閣の助言と承認《しょうにん》に基《もと》づき天皇が解散すると定めているので、「内閣は、大義《たいぎ》があればいつでも解散できる」との運用がなされてきました。解散が国民のためになっているかは、慎重《しんちょう》なチェックが必要《ひつよう》です。

位置《いち》について
ヨーイ
ドン
すごくはやく走《はし》れるスニーカー
ゴォオオオオ
ジェットエンジンつき
いまのいいの?
運動会実行委員《うんどうかいじっこういいん》

お題

「運動会で大事なこと」といえば、

もちろん、振《ふ》り替《か》え休日！

29 個人《こじん》の財産《ざいさん》とみんなの利益《りえき》は、どう折《お》り合いがつくのか？

キーワード

正当補償請求権

振《ふ》り替《か》え休日といえば、給食もお休み。ある年の振り替え休日のお昼に、私とトミナガは、我が町が誇《ほこ》るお弁当の名店「ごはん亭《てい》」に向かいました。狙《ねら》いは名物ポークカレー弁当。しかし、出足が遅《おく》れたのか、その日は売り切れ。

おなかをすかせた我々が街《まち》をさまよっていると、大食い男子ズの一角ヨネダ君が走ってゆくではありませんか。「何かおいしいものを食べに行くに違《ちが》いない」と見当をつけた私たちは、ヨネダ君の後を追いました。ヨネダ君が商店街のとある行列に並《なら》ぶので、私とトミナガも後ろにつけました。おなかがぐうぐう鳴る中、全力で列に並ぶこと数十分。ようやく見えた行列の正体は、なんとトイレットペーパーの大安売りでした。

私は「並んで損《そん》した」とふてくされましたが、トミナガは「こんなにお得《とく》な機《き》

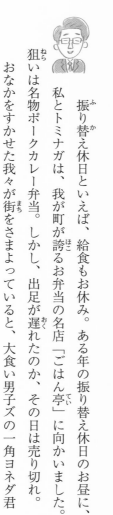

会《かい》を逃《のが》すべきではない」と、抜《ぬ》け目のないお母さんのようなことを言います。結局、私もトミナガも、お弁当代として渡されたお金でトイレットペーパーを買いました。

お弁当を買うはずが、大量のトイレットペーパーを買い込んできた息子を見て、父母が大いにあきれたことは言うまでもありません。やはり、トイレットペーパーではお弁当の振り替えにならないのです。

さて、憲法29条1項は「財産権《ざいさんけん》は、これを侵《おか》してはならない」と定めています。つまり、国は勝手に国民の財産を奪《うば》ってはいけません。とはいえ、「みんなが使う電車の線路を敷《し》くために、どうしてもヨネダ君の家の土地を通らないといけない」というような場合もあるでしょう。そこで、憲法は、国民みんなの利益《りえき》のためにどうしても必要《ひつよう》なときには、国民の財産を強制的《きょうせいてき》に提供《ていきょう》させることを認《みと》めています。

もっとも、ただで土地を奪われたのでは、ヨネダ君はとても困《こま》ります。ヨネダ君を見捨《みす》てて、他の人が電車に乗れるようになるのでは、なんとも不公平《ふこうへい》です。そこで、**憲法29条3項は「私有財産《しゆうざいさん》は、正当な補償《ほしょう》の下に、これを公共《こうきょう》のために用ひることができる」と定め、財産を奪われる人に対し、財産の代わりになるだけの十分なお金を払《はら》うように求めています。**そのお金で、新たな生活を始めてくださいということです。

「振り替え」が必要なのは、休日だけではないんですね。

キーワード【正当補償請求権《せいとうほしょうせいきゅうけん》】 ある人の財産《ざいさん》を、国民みんなのために国が取り上げることを、「公共《こうきょう》のための財産収用《ざいさんしゅうよう》」といいます。憲法29条3項は、財産を収用される人は、正当な補償を請求できるとしています。正当な補償とは、その財産を売った場合に得《え》られたであろう金額《きんがく》に見合うお金のことです。

平日《へいじつ》の昼間《ひるま》って
さんぽするだけでも
ドキドキするわね
振《ふ》り替《か》え休日《きゅうじつ》

お題

「運動会で大事なこと」といえば、

組《く》み体操《たいそう》!

30 「特定《とくてい》のもの」だけを優先《ゆうせん》してはいけないのはなぜ?

キーワード

政教分離

中学3年の組み体操。私とトミナガは、ピラミッドの土台役になりました。最近《さいきん》は、高さ制限《せいげん》などの安全対策《たいさく》をとる学校も増えてきましたが、当時は、危険性《きけんせい》の認識《にんしき》が低く、当たり前のように6段《だん》ピラミッドが決行されました。

土台役の背中《せなか》には、ものすごい重さがかかります。トミナガと私は、ケガをしない方法《ほうほう》はないかと頭をひねりました。そして、思いついたのが、クマの形をしたグミキャンディーを積み重ねてピラミッドを作る「グミ体操」です。

グミ体操では高度な集中力や協調性《きょうちょうせい》が要求《ようきゅう》されますが、ケガの心配はゼロ。6段どころか10段、20段と世界記録にも挑戦《ちょうせん》できます。あまりにも熱中しすぎた私たちは、「100段に成功《せいこう》すれば、グミ体操の神様が願《ねが》い事《ごと》をかなえてくれる」と考えるようになりました。

私たちは校長先生に、「100段グミ体操完成《かんせい》のためのお金でグミを買わねばならない」と主張《しゅちょう》しました。でも校長先生は、「学校の予算はみんなのもの。君たちのためだけに使うことはできません」と諭《さと》しました。そこで私たちは、ふと我に返り、他の生徒はグミ体操に無関心《むかんしん》だと気づいたのです。

さて、憲法は、「国政《こくせい》と宗教《しゅうきょう》は分離《ぶんり》されなければならない」と、政教分離原則《せいきょうぶんりげんそく》を定めています。その理由は3つあります。

1つ目は、特定の宗教のためだけに、国家権力《けんりょく》や資源《しげん》を使うのは不当だから。

「グミ体操の神様」と一緒《いっしょ》です。

2つ目は、国家が宗教に口出しすると、宗教の価値《かち》が傷《きず》つけられるから。例えば、国家が税金《ぜいきん》を引き上げようとして、「税金をたくさん払《はら》うと幸せになると教えろ！」と宗教団体《だんたい》に強制《きょうせい》したら、キリスト教や仏教《ぶっきょう》の教義《きょうぎ》がむちゃくちゃになってしまいます。

3つ目は、**国家が特定の宗教だけを応援《おうえん》すると、他の宗教を信《しん》じている人が圧《あっ》迫《ぱく》されてしまうから。日本では、戦時中に少数派《しょうすうは》の宗教団体を弾圧《だんあつ》しましたから、裁判所は、このことを特《とく》に強調しています。**

政教分離はとても大事な原則です。そして、それに負けず劣《おと》らず、学校では皆さんの安全がとても大事です。ピラミッドやタワーが高すぎると思ったときは遠《えん》慮《りょ》なく先生に言いましょう。また、高さのない技も気を抜《ぬ》かずに、かっこよく成功させてくださいね。

キーワード【政教分離《せいきょうぶんり》】憲法20条は、人々に信教《しんきょう》の自由を保障《ほしょう》すると同時に、政教分離原則《せいきょうぶんりげんそく》を定めています。もっとも、火事になったお寺に消防《しょうぼう》サービスを提供《ていきょう》したり、子どものいるキリスト教徒《きょうと》に児童手当《じどうてあて》を給付《きゅうふ》したりすることは禁止《きんし》されていません。宗教的少数派《しょうすうは》の圧迫《あっぱく》につながるような、過度《かど》の関《かか》わり合いが禁止されるというのが、裁判所の考え方です。

お題

「運動会で大事なこと」といえば、

1等賞をとるよりカメラ目線をゲット！

31 自分の頭だけで考えて判《はん》断《だん》することに意味がある

キーワード
秘密選挙の原則

中学1年の運動会。トミナガが走る第4レースには、つまらないことが嫌《きら》いなヨネダ君、目立ちたがりのマツダ君など、くせ者が集まりました。運動会前日、彼らは「どうやったら面白い写真になるか？」を相談し、ヨネダ君はでんぐり返し、マツダ君は後ろ向き、トミナガはカニ歩きでレースに臨《のぞ》むことを約束《やくそく》しました。

しかし、この計画には1つだけ盲点《もうてん》がありました。約束を破《やぶ》って普通《ふつう》に走る人がいたら、その人が圧勝《あっしょう》です。運動会当日の朝、トミナガは、「実は、みんなを裏切《うらぎ》って、カッコよく写真に撮《と》られるつもりだ」と秘密《ひみつ》を打ち明けました。なんと悪いやつでしょう。

もっとも、裏切ったのはトミナガだけではありませんでした。なんと全員が全《ぜん》

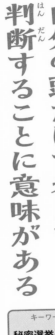

力疾走《りょくしっそう》し、それぞれ自己《じこ》ベストを更新《こうしん》する始末《しまつ》。圧勝《あっしょう》のつもりが、ぎりぎり1位だったトミナガは、自分も約束を破ったことを棚《たな》に上げ、「ヨネダやマツダが約束を破ったのが許《ゆる》せなくて、全力を出した」と言いました。

さて、運動会の100メートル走では、みんなが見ているので、どんなふうに走ったかを秘密にできません。約束を破れば、みんなに責《せ》められるかもしれません。でも、選挙《せんきょ》は違《ちが》います。憲法15条4項前段《ぜんだん》は、「すべて選挙における投票の秘密は、これを侵《おか》してはならない」と定め、誰《だれ》に投票したかは最後《さいご》まで秘密のままです。

例えば、学校の仲間で「みんなでトミナガに投票しよう」と約束したり、会社の上司《じょうし》に「トミナガに投票しろ」と命令されたりしても、実際《じっさい》に**誰が誰に投票したかは、投票した本人以外《いがい》にはわかりません。だから、自分の意思で自由に決めることができます。**

では、なぜ自分の自由な意思で投票する必要《ひつよう》があるのでしょうか。「友達と約束したから」とか「上司に言われたから」という理由で投票すると、友達や上司が判断《はんだん》ミスをした場合に、たくさんの人が引きずられて、とんでもない候補《こうほ》に票を入れてしまうことになります。友達や上司が間違《まちが》っていないかを、改《あらた》めて自分なりに考えることが大事なのです。

投票の前には、きちんと情報《じょうほう》を集め、自分の頭で考えて投票しましょう。5年後、10年後、投票に行くときには、ぜひ投票の秘密のことを思い出してください。

キーワード【秘密選挙《ひみつせんきょ》の原則《げんそく》】憲法15条4項前段は、「すべて選挙における投票の秘密《ひみつ》は、これを侵《おか》してはならない」と定めています。秘密を守るため、投票用紙に候補者名《こうほしゃめい》や政党名《せいとうめい》を記入するための台には、仕切りが設置《せっち》されています。また、投票用紙を渡《わた》したり、投票を見守ったりする係の人たちは、投票内容《とうひょうないよう》を絶対《ぜったい》に見ないようにしています。

お題

「日本のココが心配！」

といえば、

日本の農業が心配です！

32 どんな仕事を選《えら》んでもいいのです！

キーワード

職業選択の自由

農業を盛《も》り上げるには、子どもたちに農業の大切さを伝《つた》えるのも重要ということで、「秋の芋《いも》ほり遠足」は、保育園・幼稚《ようち》園《えん》や小学校の定番イベントとなっています。小学2年生の私も、軍手《ぐんて》、長靴《ながぐつ》、汚《よご》れてもよい服の三点セットで、サツマイモハンターを体験《たいけん》しました。

自分たちで掘《ほ》ると、お店では見ないような大きなお芋、苦労《くろう》して掘り出したわりには、小さすぎるお芋など、いろいろなお芋に出合えます。

中でも、トミナガが掘ったお芋はすごかった。最初《さいしょ》に掘り出したのは、三枚《まい》おろしにしたくなるような「お魚芋」。トミナガは「大漁《たいりょう》だー」と大喜《おおよろこ》びです。続《つづ》いて、足を組んで子どもを叱《しか》るヤマダ先生の形をした「お説教《せっきょう》芋」。ヨネダ君は、先生に怒《おこ》られたのを思い出したのか、真っ青な顔をしていました。最後《さいご》は、握《にぎ》り

こぶしに、親指だけがぐっと突《つ》き出された形のお芋。これは「ベリーグッド芋」と名付けられました。

変《へん》なお芋ばかり掘り当てるトミナガに、私は「もう少しまじめに掘ったらどうか」と言いました。するとトミナガは、「お芋は、それぞれまじめに成長《せいちょう》してこうなったんだ。だいたい、お芋は細長くなくてはならないなんて法律はない」と言い返しました。確かに、正論《せいろん》です。

ところで、憲法は職業選択《しょくぎょうせんたく》の自由を定めています。かつては、生まれた家や身分によって職業が決められたり、就《つ》きたい仕事に就けなかったりする時代もありました。しかし、**職業は、日々の生活費を稼《かせ》ぐと同時に、一人ひとりが個性を発《はっ》揮《き》し、社会と交流する大切な営《いとな》みです。そこで、憲法は、職業選択の自由を保障《ほしょう》しました。**

もっとも、日本の農業、漁業などの1次産業は、天候の影響《えいきょう》で経営《けいえい》が安定しにくかったり、後継者《こうけいしゃ》が不足《ふそく》していたりと、厳《きび》しい状況《じょうきょう》にあるようです。2次産業、3次産業でも、職場環境《しょくばかんきょう》が悪すぎて、せっかく好きな職業に就けても、続けることが困難《こんなん》なこともあるようです。

これからの時代には、単に好きな職業を選《えら》べるようにするだけでなく、社会に必要《ひつよう》とされる職業を選んだ人が、精神的《せいしんてき》にも経済的《けいざいてき》にも安定して職業を続けられるように、国家がより積極的《せっきょくてき》に環境整備《かんきょうせいび》していく必要があるのかもしれません。

キーワード【職業選択《しょくぎょうせんたく》の自由】 憲法22条1項は、職業選択の自由を保障《ほしょう》しています。「職業」とは、生活を営《いとな》むために行う継続《けいぞく》した活動です。ただし、人を傷《きず》つけたり、迷惑《めいわく》をかけたりする職業を選《えら》ぶ自由までは保障されていません。ルパンのように、「怪盗《かいとう》」という職業を選択する自由はありません。

お題

「日本のココが心配！」

といえば、

日本の先生が忙《いそが》しすぎること！

33 心のこもっていない謝罪《しゃざい》をさせる意味はあるか？

キーワード
思想・良心の自由

小学生の頃《ころ》、トミナガとヨネダ君は、仮面《かめん》ライダーとウルトラマンとでどちらが強いかをめぐりケンカしました。大きさで考えても、光線攻撃《こうせんこうげき》の威力《いりょく》から考えても、ウルトラマンが勝つはずですが、トミナガは、「仮面ライダーの方がソロバンは得意《とくい》なはずだ」と言い張《は》ります。そのうち、取っ組み合いのケンカになり、ヤマダ先生に止められました。

ヤマダ先生は、「お互《たが》いに謝《あやま》りなさい」と根気強く穏《おだ》やかに諭《さと》しましたが、2人は全く譲《ゆず》りません。私は、ヤマダ先生が心労で倒《たお》れないかと心配になりました。

ヤマダ先生はため息をつくと、突然《とつぜん》、黒板に「ごめんなさい。ヨネダ」、「すみませんでした。トミナガ」と書き、「これで謝《あやま》ったことにしなさい」と言いました。私は、「当人たちに謝る気はないのに、先生が勝手に黒板に『ごめん』と書

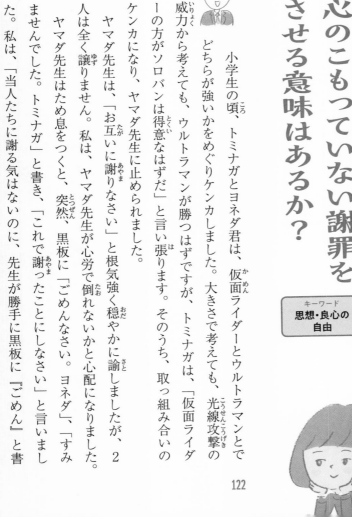

けば謝ったことになるなんておかしい」と、さっきとはぜんぜん違《ちが》う意味で先生が心配になりました。

「ごめん」という気持ちは、心の中の問題です。心の中での考えや、好き嫌《きら》いの感情《かんじょう》などは、たとえ先生でも、親でも、国家権力《こっかけんりょく》でも、強制《きょうせい》できません。それを強制すれば、人は自分らしく生きられなくなってしまいます。だから、日本国憲法19条は、「心の中では何を考えても思ってもよい」という思想・良心の自由を保障《ほしょう》しています。

この思想・良心の自由をめぐる有名な裁判があります。選挙《せんきょ》に立候補《りっこうほ》したAは、対立候補《たいりつこうほ》のBについてラジオや新聞でうそを言いふらしました。BがAを名誉毀《めいよき》損《そん》で訴《うった》えたところ、裁判所はうそだと認《みと》め、「うそを言ってごめんなさい」と書いた広告を新聞に載《の》せるよう、Aに命令しました。Aは、「広告を命じるのは思想・良心の自由の侵害《しんがい》だ」と主張《しゅちょう》しましたが、裁判所は、広告を強制するだけで、心の中まで強制するわけではないから憲法違反《いはん》ではないと言いました。

確かに、心の中には立ち入ってないかもしれませんが、**謝罪《しゃざい》の気持ちがこもっていない広告には意味がありません**。うそだったことをみんなに知らせれば、Bの名誉《めいよ》回復《かいふく》には十分ではないでしょうか。黒板に「すみませんでした。トミナガ」と書き出した先生のようで、私は、この裁判所の判断《はんだん》に疑問《ぎもん》を持っています。

キーワード【思想・良心の自由】憲法19条が保障《ほしょう》する思想・良心の自由は、頭の中で考える権利《けんり》です。そこには、何を考えているかを話さない「沈黙《ちんもく》の自由」も含《ふく》まれるとされます。多くの自由権《じゆうけん》は、公共の福祉《ふくし》のために、制限《せいげん》されることもあります。しかし、心の中を強制《きょうせい》したり、思想を理由に刑罰《けいばつ》を科すことは、どんな理由があろうと絶対《ぜったい》に許《ゆる》されないとされます。

お題

「日本のココが心配！」

といえば、

日本の政治って大丈夫かな？

34 「女《じょ》性《せい》枠《わく》」はずるい？

キーワード

女性の参政権

　私が小学生の頃《ころ》、最高裁判事《さいこうさいはんじ》は15人全員が男性《だんせい》でした。このことを教えてくれた先生が聞きました。「みなさんは、最高裁の男性と女性の割合《わりあい》はどのくらいであるべきだと思いますか？」

　私とヨネダ君が、「8対7」と答えると、学級委員のタイラさんは、あきれたように言いました。「それって、男が8ってことでしょ。男子の考えることはひきょうだわ。男7で女8が公平よ」。優等生回答《ゆうとうせいかいとう》をしたつもりの私たちは、居《い》心《ご》地《ち》が悪くなりました。

　救いを求めて、トミナガに目をやると、トミナガは、不動明王《ふどうみょうおう》が怒《おこ》った時のような顔をしています（不動明王はいつだって怒っているので、「不動明王が怒った時」というのは奇妙《きみょう》ですが）。トミナガは言いました。「タイラさんは甘《あま》い！　これまで全員

男性だったんだから、しばらく全員女性にしなければダメだ」。

日本国憲法は、一般的《いっぱんてき》な男女平等を保障《ほしょう》するとともに（14条）、選挙権《せんきょけん》の男女差別《べつ》禁止を明示しています（44条）。日本国憲法が制定《せいてい》されて70年以上がたちましたが、国の重要《じゅうよう》な役職《やくしょく》に就《つ》く女性はまだまだ少ないです。1994年に初《はつ》の女性最高裁判事が誕生《たんじょう》し、現在では15人中2人が女性です。しかし、最高裁長官になった女性はいません。内閣総理《ないかくそうり》大臣《だいじん》になった女性もいません。衆議院《しゅうぎいん》と参議院《さんぎいん》の議《ぎ》長《ちょう》に女性が選《えら》ばれたのは、それぞれ1回ずつだけです。日本の政治が心配になるのもごもっともです。

では、どうすれば良いのでしょうか。まず思いつくのは、「女性枠《わく》」を作って、女性が就任《しゅうにん》すべき人数を強制《きょうせい》することです。ただ、これには「女性だというだけで要職《ようしょく》に就きやすくするのは、男性差別であり、憲法が保障する平等権の侵害《しんがい》だ」と非難《ひなん》されるでしょう。ちなみに、フランスでは、国会議員《こっかいぎいん》の選挙《せんきょ》で一定割合の女性候補《こうほ》を立てることを義務《ぎむ》付けるために、わざわざ憲法を改正して平等の例外《れいがい》を設《もう》けました。

もっとも「女性枠」はあくまで、男女平等が実現するまでの過渡的《かとてき》な手段《しゅだん》と考えるべきです。強制がなくても、自然に男女比《ひ》が半々になる社会が理想でしょう。それには、女性が活躍《かつやく》しやすい社会を作ることが大切です。**女性が活躍しやすい社会は、きっとすべての人が活躍しやすい社会につながるでしょう。**

キーワード【女性《じょせい》の参政権《さんせいけん》】日本で初《はじ》めて女性が選挙《せんきょ》に参加《さんか》したのは、議会制度《ぎかいせいど》ができてから50年以上《いじょう》もたった1946年の帝国議会衆議院議員《ていこくぎかいしゅうぎいんぎいん》選挙です。この時点では、女性の選挙権《せんきょけん》や被選挙権《ひせんきょけん》は、法律《ほうりつ》で決められたものにすぎず、大日本帝国憲法により保障《ほしょう》されたものではありませんでした。現在《げんざい》の日本国憲法は、女性参政権を保障《ほしょう》しています。

お題
「日本のココが心配！」

といえば、

家のレゴの部品が足りないこと。

35 逮捕《たいほ》するときは冷静《れいせい》に

キーワード
逮捕令状

私はレゴが大好きで、学校から帰ると、1人で黙々《もくもく》と遊んでいました。悩《なや》みは、パーツが少ないこと。ある日、ヨネダ君もレゴ好きであると知り、2人のレゴを持ち寄《よ》って大作を完成《かんせい》させました。作ったのは、「理想の家」。これまでにない力作で、トイレまでちゃんと作りました。

出来栄えに満足した私たちは、トミナガを呼《よ》び出し、「どうだ！　すごいリアルだろう」と自慢《じまん》しました。しかし、トミナガは「トイレットペーパーがない」と難癖《なんくせ》をつけ、小さな丸い白ブロックを付け足しました。私とヨネダ君は、トミナガの完璧主義《かんぺきしゅぎ》にあぜんとしました。

彼の完璧主義はこれで終わりではありません。私たちの「理想の家」には赤いスポーツカーがあり、家主のヨネムラさん（30歳《さい》）が運転席で手を振《ふ》っていまし

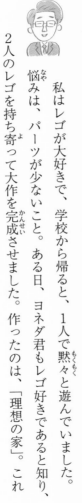

た。トミナガは、「『免許証《めんきょしょう》』がないから無免許運転だ!」と糾弾《きゅうだん》し、レゴ警察官《けいさつかん》を動員して、ヨネムラさんを逮捕《たいほ》し、牢屋《ろうや》(トミナガ作・トイレ付き)に入れたのです。可哀《かわい》そうなヨネムラさんは、家族と離《はな》れ離《ばな》れで、牢屋の中で夜を迎《むか》えることになりました。

翌日《よくじつ》、私たちは社会科で、犯罪《はんざい》と刑罰《けいばつ》の授業を受け、逮捕には、裁判官《さいばんかん》の出した逮捕令状《たいほれいじょう》が必要だと教わりました。家に帰った私たちは、レゴ弁護士のノリタさんに依頼《いらい》して「無令状逮捕《むれいじょうたいほ》は憲法違反《いはん》!」とレゴ裁判所に訴《うった》え、無事にヨネムラさんを奪還《だっかん》したのでした。

なぜ、逮捕には逮捕令状が必要なのでしょうか。

逮捕された人は、仕事にも学校にも行けません。自由にテレビを見たり、友人と話したりすることもできません。逮捕は苛烈《かれつ》な人権侵害《じんけんしんがい》なのです。

他方、警察官は、悪いことをした人を取《と》り締《し》まって、正義を実現《じつげん》するのが仕事です。仕事熱心のあまり、犯罪の疑《うたが》いが少しでもある人は逮捕しようと、焦《あせ》りがちになってしまいます。**逮捕してよいかどうかの判断《はんだん》を警察官に任《まか》せれば、不当《ふとう》な逮捕の危険《きけん》が高まるでしょう。**

そこで、憲法33条は、「現行犯《げんこうはん》」を逮捕する場合以外は、裁判官に逮捕の理由があるかを冷静《れいせい》に判断してもらうことにしました。

こうして、不当逮捕による人権侵害を防《ふせ》ぎながら、逃亡《とうぼう》したり、証拠《しょうこ》を隠《かく》したりしそうな悪い人は、きちんと逮捕できるようにしています。

キーワード【逮捕令状《たいほれいじょう》】憲法33条は、現行犯《げんこうはん》か、「司法官憲《しほうかんけん》」の出す令状《れいじょう》がある場合でなければ、逮捕はできないとします。「司法官憲」とは、裁判官のことだと理解《りかい》されています。また、逮捕が許《ゆる》されるのは、容疑者が逃亡《とうぼう》または証拠《しょうこ》を隠滅《いんめつ》する恐《おそ》れがある場合だけです。犯罪《はんざい》の疑《うたが》いがあっても、逃亡や証拠隠滅の恐れがないときは、逮捕できません。

お題

「サンタさんへのお願い」

といえば、

ペットのヘビをください！

36 結《けっ》婚《こん》するために必《ひつ》要《よう》なものは？

キーワード

両性の合意

高校2年のクリスマスイブの前日。私は高い時給にひかれ、とあるアルバイトを引き受けました。依頼主《いらいぬし》は「三田さん」。依頼内容《ないよう》は「ものの仕分け」。指定された倉庫に行くと、真っ赤な服のおじいさんが、しゃべるトナカイと一緒《いっしょ》に、レゴやらサッカーボールやら自転車やらを、住所票ごとに分類しています。

私が戸惑《とまど》いつつ「よろしくお願いします」とあいさつすると、おじいさんは「最近《さいきん》は、生き物のお願いが増《ふ》えて、仕分けが大変《たいへん》なんだ。手伝ってくれて助かるよ」と柔和《にゅうわ》な笑顔《えがお》で答えます。辺りを見回すと、子猫《こねこ》や子犬をはじめ、さまざまな動物がたくさんいました。

私は一生懸命《いっしょうけんめい》、働きました。でも、もともとうっかり者の私は、うっかりイワ

シをペンギンの水槽《すいそう》に入れてしまったのです。イワシはすっかり食べられてしまいました。おじいさんは「『イワシをおなかいっぱい食べたい！』という願いをどうしたものか？」と思案顔《しあんがお》です。生き物の管理は大変です。「ペットのヘビが欲《ほ》しい」とのお願いが届《とど》けられたサンタさんは、今ごろ、ハムスターと一緒《いっしょ》にしないように気を使っていることでしょう。

クリスマスの朝、私がアルバイト代をもらいに行くと、倉庫は空っぽで、おじいさんはのんびりお茶を飲んでいました。私が「今までで一番、困《こま》ったお願いは何ですか？」と聞くと、「今から10年前、6歳《さい》の男の子の『お嫁《よめ》さんが欲《ほ》しい』というやつだな。そのときは、『少年よ、自分で探《さが》せ！』という手紙を靴下《くつした》に入れた」と教えてくれました。名前はトミナガ君だったそうです。

ところで、明治時代にできた古い民法《みんぽう》では、結婚には、戸主（法律で定められた家の主です）と両親の同意が必要でした。愛し合う二人が結婚《けっこん》しようとしても、親たちが反対すれば、結婚できなかったのです。

これに対し、**日本国憲法24条1項は「婚姻《こんいん》は、両性《りょうせい》の合意のみに基《もと》いて成立すると定め、結婚には、当事者の合意だけで十分だとしています。**また、昔は、親や男性が女性に結婚を強要《きょうよう》することもありました。そこで、男性の意思だけでなく、女性の意思も平等に尊重《そんちょう》することを強調するため、「両当事者の」ではなく、「両性の」合意という表現を採用《さいよう》したわけですね。

キーワード【両性《りょうせい》の合意】婚姻《こんいん》は「両性の合意のみ」で成立《せいりつ》するという憲法24条1項を、「男性《だんせい》同士や女性同士でパートナーになる結婚《けっこん》を禁止《きんし》した条文だ」と読む人がいますが、間違《まちが》っています。憲法24条1項の一番の目的《もくてき》は、婚姻における男女平等ですから、男女の不平等《ふびょうどう》が存在《そんざい》しない同性《どうせい》カップルには、この条文を適《てき》用《よう》する必要《ひつよう》がありません。

お題

「サンタさんへのお願い」

といえば、

目の前に現れ《あらわ》てください！

37 憲法は学校にも関係《かんけい》がある

キーワード
教育を受ける権利

私もサンタさんに会ってみたいです。ついでに、幽霊《ゆうれい》、ツチノコ、ネッシー、雪男などにも会いたいです。

小学校2年生の頃《ころ》、私たちは、町でウワサのカルマラポッチョを探《さが》しに、学校の裏山《うらやま》を探検《たんけん》しました。しかし、カルマラポッチョは、「鳴き声がプテラノドンに似《に》ている」、「大きさはネッシーとツチノコの間くらい」ということしか知られていません。こんないいかげんな情報《じょうほう》で、よくウワサになれたものです。

私たちの捜索《そうさく》はすぐに行き詰《づ》まりました。気が付くと、トミナガはセミの抜《ぬ》け殻《がら》を集め始めています。私は、「カルマラポッチョを探しに来たんだろ！」と怒《おこ》りました。しかしトミナガはクールに、「君は、未知の不安《ふあん》にもてあそばれて、目の前の不思議《ふしぎ》を見失っているのだよ」と言い捨《す》てます。

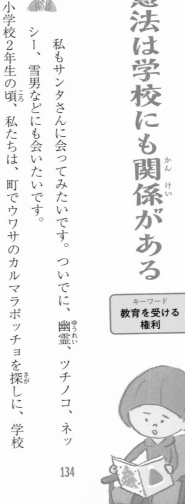

要《よう》するに「飽《あ》きたから別のことをやろう」と言っているだけなのですが、名ゼリフ風の言葉に感動した私たちは、いつの間にか、バッタやカマキリなど身近な虫の発見に夢中《むちゅう》になってしまいました。

そういえば、憲法は、皆さんにとってツチノコやネッシーみたいに遠い存在《そんざい》に思えるかもしれません。でも実は、皆さんが通う学校も、憲法と深く関係《かんけい》しています。**憲法26条1項は、「すべて国民は、法律の定めるところにより、その能力《のうりょく》に応《おう》じて、ひとしく教育を受ける権利を有する」と、教育を受ける権利を保障《ほしょう》しています。**成長《せいちょう》に合わせて教育が受けられるよう、小学校から大学院まで、さまざまな学校が設置《せっち》されています。

もっとも、子どもが勉強するには、親など保護者《ほごしゃ》の協力が必要《ひつよう》です。そこで、憲法26条2項は、保護者に対して、子どもに教育を受けさせる義務《ぎむ》を課していま す。さらに、義務教育の授業料《じゅぎょうりょう》は「無償《むしょう》」、つまりタダとなっています。

「勉強なんて何のためにするの?」と思う人もいるかもしれません。でも、そういう疑問《ぎもん》を持てること自体が、あなたの可能性《かのうせい》を広げています。目標に向けてわき目もふらずに突《つ》き進むのも楽しいですが、脇道《わきみち》にそれたらそれたで、思わぬ発見があるかもしれません。いろいろな勉強をして、さまざまな経験《けいけん》を積んで、たくさんの疑問《ぎもん》を持ち、世界を広げていってくださいね。

キーワード【教育を受ける権利】憲法が保障《ほしょう》する「教育」は、どんな内容《ないよう》でもよいというものではありません。子どもが、誰《だれ》かの命令《めいれい》で都合よく動く「道具」ではなく、自分の頭で考えられる「個人《こじん》」へと成長《せいちょう》するためのものでなければなりません。最高裁判例《さいこうさいはんれい》（判決《はんけつ》の実例《じつれい》）も、学校での教育は、一方的《いっぽうてき》な観念《かんねん》を植《う》え付けるようなものであってはならないとしています。

お題

「サンタさんへのお願い」

といえば、

サンタのひげをください！

38 「天《てん》皇《のう》」と国《こく》民《みん》主《しゅ》権《けん》

キーワード
天皇

毎年12月になると、サンタさんの正体が話題になります。たった一夜にして世界中にプレゼントを配るサンタとは何者なのか。「魔法使《まほうつか》いだ」とか「世界中に数百万人のサンタがいる」とか、いろいろな説があります。

トミナガは、「サンタの正体は、あの作り物のような白ひげだ」と主張《しゅちょう》しました。白ひげはヒゲールという宇宙人《うちゅうじん》で、地球人にとりついて操《あやつ》っているというのです。

となると、当然、「なぜ、宇宙人がプレゼントを配るのか？」という疑問《ぎもん》が生じます。トミナガによると、彼の先祖《せんぞ》トミナガ3世が平安時代にヒゲールにさらわれた。「地球人と友達になるにはどうしたらよいか？」と質問《しつもん》され、「子どもたちにプレゼントすると良かろう」と答えた。それ以来《いらい》、ヒゲールたちは、暇《ひま》そう

な大人にとりつき、クリスマスにプレゼントを配るのだそうです。
クリスマスの夜にご家族の帰りが遅《おそ》くなったとしたら、十中八九、ヒゲールの仕業《しわざ》でしょう。ヒゲールたちは頃合《ころあ》いを見計らって、「実は、我々がサンタです。友達になりましょう」と名乗り出る作戦だそうです。おじいさんのように見えて、白ひげの方が本体だとは驚《おどろ》きですね。

ところで、**日本国憲法第1章の章題は「天皇《てんのう》」です。一見すると、天皇についての章に見えますが、実は、国民主権《しゅけん》を宣言《せんげん》する章です。**

第1条は「天皇は、日本国の象徴《しょうちょう》であり日本国民統合《とうごう》の象徴であって、この地《ち》位《い》は、主権の存《そん》する日本国民の総意《そうい》に基《もと》づく」と定めます。ここで大切なのは、象徴という地位は、主権者である国民によって認《みと》められたということです。続《つづ》く第2条は、天皇の地位は、国民の代表である「国会の議決《ぎけつ》した」皇室典範《こうしつてんぱん》という法《ほう》律《りつ》に基《もと》づき継承《けいしょう》される、第7条は、天皇が日本国の象徴として行う法律の公布《こうふ》や衆議院《しゅうぎいん》の解散《かいさん》などの国事行為《こくじこうい》は「国民のために」行うと定めています。

憲法の最初《さいしょ》の条文《じょうぶん》には、その国が一番大事だと考えていることが書かれることが多いです。例えば、ナチスでの過酷《かこく》な人権侵害《しんがい》を反省したドイツの憲法には、第1条で「人間の尊厳《そんげん》」が書かれています。日本の場合は、天皇はあくまで象徴であって、主権者は国民だと宣言することが大切だと考えたのですね。

キーワード【天皇《てんのう》】日本国憲法ができる前の明治憲法では、天皇は「統治《とうち》権《けん》の総攬者《そうらんしゃ》」とされ、国家の象《しょう》徴《ちょう》であると同時に、最高《さいこう》の意思《いし》決定《けってい》権者《けんじゃ》だとされていました。これに対し、日本国憲法第1章は、最高の意思決定権が国民に移《うつ》り国民主権《しゅけん》の国家になったこと、他方、天皇は象徴であるにとどまるようになったこと、を定めています。

お題

「サンタさんへのお願い」

といえば、

キスしたい！

39 人権《じんけん》は一人一人が監視《かんし》するもの

キーワード
多年にわたる努力の成果

キスといえば大人の階段《かいだん》。大人といえば20歳《さい》。10歳の誕生日を迎《むか》えたトミナガは、「今日から半分大人だ。何でも大人の半分できるんだ」と宣言《せんげん》しました。何ができるのか聞いてみると、「選挙《せんきょ》で2回に1回は投票できる」、「缶《かん》ビールを半分飲める」のだとか。「0・5票」ではなく「2回に1回」投票できるというところに、私は、ずうずうしさを感じると同時に、「なかなかやるな」と尊敬《そんけい》の念《ねん》を持ちました。しかし、缶ビールを半分飲むのは、完全にアウト。大人の階段は、単純《たんじゅん》な算数ではありません。

ところで、小学校4年生に「2分の1成人式《せいじんしき》」をやる学校もあるようです。私たちの担任《たんにん》のヤマダ先生は、「2分の1成人式をやるなら、今年で40歳になる僕のために『2倍成人式』をやってくれ」と言い出しました。子どもが10歳を無事《ぶじ》

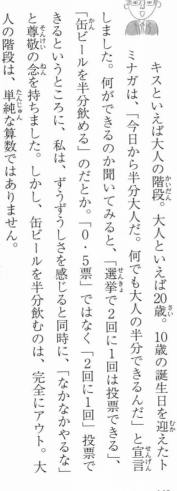

に迎《むか》えたお祝《いわ》いのついでに、自分も祝ってくれとは、なんと子どもっぽいことでしょう。これでは、「大人げのなさ2倍成人式」です。

2分の1成人式では、みんなの前で、生まれたときの写真や、家族構成《こうせい》、お父さんやお母さんの仕事などを発表することも多いようです。ただ、クラスの中には、ご両親の離婚《りこん》を経験《けいけん》していたり、複雑《ふくざつ》な事情《じじょう》を持っていたりする子もいます。2分の1成人式は、やりようによっては、子どもたちが話したくないことを話すように強制《きょうせい》されてしまうでしょう。これは、立派《りっぱ》なプライバシー侵害《しんがい》です。

皆さんのクラスでこの式をやるときには、プライバシーを侵害しないやり方を提案《ていあん》してみるのもよいかもしれません。例えば、将来《しょうらい》の夢《ゆめ》や特技《とくぎ》の発表をしてみてはどうでしょう。一番好きな本をPRするチラシ作りも楽しそうです。大人になってから見直したなら、きっと楽しめますよ。

「そんな提案できるわけない」と思う人もいるでしょう。でも、**人権は、「人任《ひとまか》せにしていても自然に守られる」というものではありません**。権力者が人権を侵害していないか、一人一人が監視《かんし》することが大切です。さらに、人権侵害に気づいた人が、それぞれのやり方で人権侵害を止める工夫《くふう》をすることも大切です。このことは、世界に共通で、憲法97条は、人権保障《ほしょう》は「人類《じんるい》の多年にわたる自由獲《かく》得《とく》の努力《どりょく》の成果《せいか》」だと述《の》べています。

キーワード【多年にわたる努力《どりょく》の成果《せいか》】憲法97条は、人権《じんけん》が、日本国民のみならず「人類《じんるい》の多年にわたる自由獲得《かくとく》の努力の成果」であることを宣言《せんげん》しています。それと同時に、現在《げんざい》の国民だけのものではなく、「将《しょう》来《らい》の国民」に対しても保障《ほしょう》されるべきものだとも宣言します。人権を将来の世代にも受け継《つ》いでゆくため、努力を続《つづ》けていかなくてはなりません。

お題

「サンタさんへのお願い」

といえば、

パンダをお願い！

40 「最強《さいきょう》」の権力者《けんりょくしゃ》はいない

キーワード

三権分立

小学生は「最強《さいきょう》」が好きです。皆さんも、「最強怪獣《かいじゅう》は？」とか、「仮面《かめん》ライダーとガンダムとピカチュウの中で一番強いのは？」と盛《も》り上がったことがあるのではないでしょうか。

ある日、私たちは「最強の生き物」について議論《ぎろん》していました。ブラックマンバ（恐《おそ》ろしい毒蛇《どくへび》）だとか、リヴァイアサン（聖書《せいしょ》に出てくる海の怪物《かいぶつ》）だとか、いろいろな名前が挙がりましたが、アカダ君が「怪獣王ゴジラに決まっている」と主《しゅ》張《ちょう》すると、みんなが「なるほど」となりました。

そんな中、一人だけ納得《なっとく》しなかったのがトミナガです。彼は、厳《おごそ》かに口を開くと、「いや違《ちが》うな。パンダだ」と言いました。

「何を言っているんだ、コイツ？」というみんなの表情を無視《むし》して、トミナガは

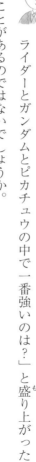

続《つづ》けました。「ゴジラ映画《えいが》で、パンダがやられているシーンを見たことがない。ゴジラだって、パンダの可愛《かわい》さに、つい優《やさ》しくなってしまうんだ」

言われてみれば、ゴジラやスーパーマンが、パンダに勝ったシーンを見たことがありません。負けているところも見たことはありませんが……。

ところで、憲法学者の間でも、「憲法の中の最強は誰《だれ》か」が真剣《しんけん》に議論されることがあります。今から100年ぐらい前には、「天皇《てんのう》や国王だ」「いやいや議会《ぎかい》だ」「やっぱり国民だ」といった議論がされていました。

日本国憲法の下でも、「裁判所も内閣《ないかく》も法律に従《したが》わねばならないから、法律を作る国会が最強だ」とか、「自衛隊《じえいたい》や警察《けいさつ》に命令を出したり、実際《じっさい》に予算を動かしたりするのは内閣だから、内閣総理大臣《ないかくそうりだいじん》が最強だ」とか、「裁判所に憲法違反《いはん》だと言われたら、国会も内閣も従わざるを得《え》ないから、最強は最高裁判所だ」といった議論ができそうです。

もっとも、国会・内閣・裁判所の役割《やくわり》は異《こと》なりますから、その中で最強を決めるのは、「ゴジラとパンダで、英会話が得意《とくい》なのはどっちか?」を決めるのと同じくらいに難《むずか》しいでしょう。

実は、「最強を決めない」のは、日本国憲法の意識的《いしきてき》な戦略《せんりゃく》です。**誰かが戦争《せんそう》や人権侵害《じんけんしんがい》を始めたときには、国会・内閣・裁判所がそれぞれ分担《ぶんたん》する権限《けんげん》を発揮《はっき》して、それらを止められるようにしているのです。**この制度《せいど》を「三権分立《さんけんぶんりつ》」と呼《よ》びます。

キーワード【三権分立《さんけんぶんりつ》】国家の重要《じゅうよう》な3つの権限《けんげん》（法律を作る「立法《りっぽう》」、それを実現する「行政《ぎょうせい》」、争《あらそ》いを法に基《もと》づいて裁《さば》く「司法」）を、それぞれ別《べつ》の機関《きかん》に担当《たんとう》させる仕組みを三権分立と言います。フランスの政《せい》治思想家《じしそうか》モンテスキューが『法の精神《せいしん》』という本で、イギリスの政治システムを分析《ぶんせき》して整理したものです。

第3章 「国民の権利及《およ》び義務《ぎむ》」をよむ　その1

魔女《まじょ》の歴史

嵐《あらし》の中の図書室。図書係の一行は、幽霊《ゆうれい》のアキヤマさんのガイドで、憲法を第2章まで旅をしてきました。気が付くと、アキヤマさんの隣《となり》には、身長が28cmくらいの和服姿《すがた》のおばあちゃんがいるではありませんか。彼女を見たアキヤマさんは、「わっ、師匠《ししょう》! 何でこんなところに!」と声を上げました。幽霊のくせに、えらい驚《おどろ》きようです。おばあちゃんは「わしは、アキヤマの師匠のキャシー・ヤグチじゃ」と自己紹介《じこしょうかい》したのでした。

キャシー　子どもら、お初《はつ》にお目にかかる。わしは、この男の大学の先生じゃ。『東海道線各駅停車殺人事件』には登場しないが、作者のアフタヌーン龍之介《りゅうのすけ》が、アキヤマの師匠として設定《せってい》していた人物じゃ。

ツクイ　私たちは、アキヤマさんのガイドで、憲法を旅しています。これから、第3章に入るところなんです。

キャシー　なんと。早速じゃが、ここでクイズじゃ。

Q　ドイツよりイギリスの方が、魔女《まじょ》裁判の犠牲者《ぎせいしゃ》が少なかったのは、なぜでしょうか？

ヨネダ　魔女裁判って何ですか？

アキヤマ　中世のヨーロッパでは、魔女が悪い魔法を使うことは、犯罪《はんざい》として処罰《しょばつ》されていました。もちろん、実際《じっさい》には魔女なんているわけがありません。でも、裁判で無理やり魔女だったことにされた人が、たくさん火あぶりになったのです。

ツクイ　恐《おそ》ろしいわね。イギリスとドイツの違《ちが》いって何かしら？

トミナガ　魔女と言えばほうきだな。きっと、イギリスにはほうきが少なかったんだよ。だから、疑《うたが》いをかけられる人が少なかった！

キタムラ　そんな、わけないじゃない。キャシー、魔女裁判ってどんなだったの？

キャシー　例えばじゃ、魔女と疑われた人がいたとする。その人は裁判所に送られて、きつーい取り調べを受ける。あまりの辛《つら》さに、まともな判断《はんだん》ができなくなってきたところで、「お前は、悪魔の姿《すがた》を見たことはあるか？」なんて聞かれるわけじゃ。犠牲者は、たまらなくなって「確《たし》かに見ました。黒い姿にツノがありました」などと答えてしまうわけじゃな。いっひひひ。

キタムラ　思い通りに嘘《うそ》の供述《きょうじゅつ》をさせちゃうなんて、取調官《とりしらべかん》の方がまるで魔女ね。

トミナガ　わかった。イギリスの魔女は、魔力《まりょく》が強かったから、裁判にかかる前に逃《に》げ出したんだ！

キタムラ　なるほど。「ジュージューＯＫ、焦《こ》げるよおかず」ね。

キャシー　確かに、魔女と言えども、おかずが焦げてはたまらんじゃろうな。

ツクイ　ちょっと、ちょっと、ちょっとー。それを言うなら「三十六計逃げるにしかず」よ。だいたい本当に魔女がいたなら、魔女裁判は正しかったことになるじゃない。

ヨネダ　取り調べがきつくて、ウソの自白をしちゃうのが問題なんだよね。ということは、イギリスの取り調べはきつくなかったってことじゃないの？

キャシー　おぬしやるのう。その通りじゃ。イギリスでは、歴史のかなり早い段階《だんかい》で「拷問《ごうもん》」が禁止《きんし》されておったのじゃ。拷問ちゅうのは、証言《しょうげん》を引き出すために、ムチやら水で苦痛《くつう》を与《あた》えることじゃよ。

アキヤマ　昔は、拷問のせいで、無実《むじつ》の罪《つみ》で刑罰《けいばつ》を受けた人がたくさんいました。そういう歴史の反省《はんせい》を踏《ふ》まえて、日本の憲法にも、こういう条文《じょうぶん》があります。

第36条　公務員による拷問及《およ》び残虐《ざんぎゃく》な刑罰は、絶対《ぜったい》にこれを禁《きん》ずる。

キャシー　憲法の条文を読むときは、背景《はいけい》にある歴史を思い浮かべるのがよかろう。

外の嵐が一層《いっそう》強くなる中、憲法の旅の一行に、クイズおばあちゃんが加《くわ》わったのでした。

コラム●旅する憲法⑤につづく。

冬

お題

「書き初めに書いた言葉」
「売れる本のタイトル」
「卒業したいこと」

お題

「書き初めに書いた言葉」といえば、

「自由」

41 「自分で決める」権利を、どう使いこなす？

キーワード
自己決定権

中学生の冬休み、書き初めの宿題が出ました。お題は自由。「希望《きぼう》の光」とか「未来への夢《ゆめ》」といった若者《わかもの》らしい前向きな言葉を選《えら》ぶ生徒《せいと》が多い中、私たちのグループは、「誰《だれ》が一番面白いか」を競争することになりました。

私が選んだのは「憂鬱《ゆううつ》の薔薇《ばら》」。画数の限界《げんかい》にチャレンジしました。アカダ君は「ヤドカリ定食　七百円」。値段《ねだん》まで書くのが肝《きも》です。カワダさんは「人の為《ため》と書いて偽《いつわ》り」。何か嫌《いや》なことがあったのでしょうか。

それぞれ面白かったのですが、ヨネダ君とトミナガは、格《かく》が違《ちが》いました。ヨネダ君が選んだのは「お年玉」。中学生にもなって、書き初めに「お年玉」とは、いったい何を考えているのでしょうか。しかし、トミナガは、その上を行きました。なんと、「たまごやき」。漢字すら入っていません。

私たちの中では、トミナガの作品に圧倒的《あっとうてき》な支持《しじ》が集まり、大賞に決まりました。ちなみに、先生が選んだ金賞は、隣《となり》のクラスのスガヤ君の「確《たし》かな成長《せいちょう》」でした（中学生とは到底《とうてい》思えない私たちの愚《おろ》かさをあざ笑うかのようです）。

ところで、日本国憲法13条が保障《ほしょう》する国民の自由には、「自己決定権《じこけっていけん》」が含《ふく》まれています。人は、日々、いろいろな決断《けつだん》をしています。どんな服を着るか、どんな髪形《かみがた》にするか、何を食べるか、どんな運動をするか、病気になったときにどんな治療《ちりょう》を受けるか。本当にいろいろあります。自己決定権とは、そうしたことを自分で決める権利です。

昔、病院で手術《しゅじゅつ》を受けた患者《かんじゃ》さんが、自己決定権の侵害《しんがい》を理由に、病院を訴《うった》えました。患者さんは、宗教上の理由で、「絶対《ぜったい》に輸血《ゆけつ》なしの手術」を希望することを病院に伝えていました。これに対して、病院は、「原則《げんそく》として輸血《ゆけつ》しないが、助ける方法《ほうほう》が他にない緊急時《きんきゅうじ》には輸血する」という方針《ほうしん》でした。病院はこの方針を説明しないまま手術し、結局、輸血してしまったのです。

最高裁判所は、たとえ輸血によって患者さんの命が助かったとしても、病院の方針を事前に説明しないのは違法《いほう》だと判断《はんだん》しました。きちんと説明しなければ、患者さんがその手術を受けるかどうか、本当の意味で決定できないからです。**自己決定権は、「決断《けつだん》に必要《ひつよう》なだけの、十分な説明を求める権利」でもあるわけですね。**

キーワード【自己決定権《じこけっていけん》】憲法には、「人には自己決定権がある」と明示《めいじ》する条文はありません。しかし、「生命、自由及《およ》び幸福追求《こうふくついきゅう》に対する国民の権利《けんり》については、公共の福祉《ふくし》に反しない限《かぎ》り、立法《りっぽう》その他の国政《こくせい》の上で、最大《さいだい》の尊重《そんちょう》を必要《ひつよう》とする」と定める憲法13条後段《こうだん》によって、自己決定権も保障《ほしょう》されると理解《りかい》されています。

お題

「書き初めに書いた言葉」

といえば、

「コタツとミカン」

42 国会議員《こっかいぎいん》には、なぜ特権《とっけん》があるのか？

キーワード

国会議員の特権

先日、NHKラジオ「冬休み子ども科学電話相談」で、「恐竜《きょうりゅう》が鳥なのか、鳥が恐竜なのか？」が話題になりました。鳥が専門《せんもん》の川上和人《かわかみかずと》先生は「恐竜が鳥だと言ってほしい」と言い、恐竜が専門の小林快次《こばやしよしつぐ》先生は「鳥は恐竜です」と言い、お互《たが》いに一歩も譲《ゆず》りません。恐竜と鳥は、進化の流れの中で深い関係《かんけい》にあり、境界線《きょうかいせん》も難《むずか》しいようです。

ところで、コタツとミカンも、深い関係にあります。3学期の始業式、トミナガが言いました。「今年の正月、兄がミカンを食べつくして、コタツだけになっちゃったんだよ。そんなのありえないよ」。

私は「ミカンがなくてもコタツはコタツだろう」とたしなめましたが、トミナガは断固《だんこ》として、「ミカンはコタツだ」と言い出します。私が目を丸くしている

と、ミカン好きのヨネダ君は「いやいや、コタツがミカンなんだ」と言うではありませんか。恐竜と鳥の関係と違《ちが》い、ミカンはコタツに「つきもの」なだけで、明らかに別《べつ》の種類《しゅるい》です。私は、あまりに意味不明《いみふめい》なやり取りに、目だけでなく、口まで丸くなりました。

「つきもの」と言えば、国会議員《こっかいぎいん》には「行政権《ぎょうせいけん》による弾圧《だんあつ》」がつきものです。

国会議員は全国民《ぜんこくみん》の代表として、行政機関《ぎょうせいきかん》が適切《てきせつ》に仕事をしているか監視《かんし》します。行政権を担《にな》う各大臣《かくだいじん》や各省庁《かくしょうちょう》の責任者《せきにんしゃ》は、国会で責任を追及《ついきゅう》されたり、不都合な事実を説明させられたりします。

古い時代には、政府に都合の悪いことが起こると、議会《ぎかい》を解散《かいさん》してしまうこともありました。**政府を鋭《するど》く批判《ひはん》する議員に因縁《いんねん》をつけて、不当《ふとう》に逮捕《たいほ》したりすることもありました。これでは、国会議員としての職責《しょくせき》を果たせません。**

そこで、憲法50条は、法律で定める例外的《れいがいてき》な場合を除《のぞ》き、国会議員は「国会の会期中逮捕されず、会期前に逮捕された議員は、その議院《ぎいん》の要求《ようきゅう》があれば、会期中これを釈放《しゃくほう》しなければならない」と定めました。これを不逮捕特権《ふたいほとっけん》と呼びます。また、憲法51条は、「両議院の議員は、議院で行つた演説《えんぜつ》、討論又《とうろんまた》は表決について、院外で責任《せきにん》を問はれない」と定め、自由に意見を述《の》べ、安心して政府《せいふ》を追及できるようにしました。

「コタツとミカン」はつきものでよいのですが、「国会議員への行政権による弾圧」はなしでいかなければなりません。

キーワード【国会議員《こっかいぎいん》の特権《とっけん》】政府《せいふ》には、人を逮捕《たいほ》したり、自衛隊《じえいたい》や警察《けいさつ》などの実力組織《じつりょくそしき》を動かしたりする強力な権限《けんげん》があります。その力が国会議員への弾圧《だんあつ》に使われないよう、国会議員には特権が認《みと》められています。ただし、現行犯《げんこうはん》の場合は、不当逮捕《ふとうたいほ》の恐《おそ》れがないので、不逮捕特権《ふたいほとっけん》を主張《しゅちょう》できません。特権が乱用《らんよう》されないように工夫《くふう》されているのです。

お題
「書き初めに書いた言葉」

といえば、

「無《む》芸《げい》大《たい》食《しょく》」

43 アメリカの憲法は、付け足されている

キーワード
アメリカ合衆国憲法

「無芸大食」とは、豪快《ごうかい》です。学校でも四字熟語《じゅくご》や慣用句《かんようく》を習いますが、ときどき意味を間違《まちが》って使ってしまうことがあります。

ある日の国語の時間、私たちは「欲《よく》を言えば」という言葉を習いました。この言葉は、「大体満足なんだけど、あともう少しだけ」という意味で使われます。

例えば、100点のテストで、「欲を言えば、もう少し字をきれいに書いてほしかった」みたいな使い方です。

その日の給食の時間、無芸かどうかはともかく大食のヨネダ君が、「欲を言えば、フランス料理のフルコースが食べたかった」と言い出しました。アサカワさんが、「欲を言えば、豪華《ごうか》列車《れっしゃ》の食堂車で食べたいな」と付け加えると、ミステリーマニアのツクイさんが、「欲を言えば、その列車で事件《じけん》が起きてほしい。探《たん》

偵《てい》ごっこができるわ」と大はしゃぎ。もはや「大体満足」のニュアンスは全くなく、欲望《よくぼう》を述べているだけです。

トミナガが「さらに欲を言えば、その列車がジェットコースターだったら楽しい」と言い出したのがとどめになりました。もはや、給食なのか、オリエント急行殺人事件なのか、遊園地なのかもわからなくなり、お話はここでおしまい。

さて、私たちのクラスでは「欲を言えば」で、給食にどんどん内容《ないよう》を足してゆきましたが、アメリカも、どんどん付け足す方式です。

イギリスは、アメリカ大陸《たいりく》に13の植民地をつくり、それぞれ別々《べつべつ》の国としていました。植民地の国々は、イギリス支配《しはい》からの解放《かいほう》を求《もと》めて独立《どくりつ》戦争を戦い、勝ちました。１７８７年、13の国々は、互《たが》いに協力して一つの国になることを約束し、アメリカ合衆国憲法を作りました。複数《ふくすう》の国がまとまって一つの国となる国家を連邦《れんぽう》国家と言います。連邦国家を作る国は「州」と呼《よ》ばれます。設立当初《せつりつとうしょ》は13だった州の数は、どんどん増《ふ》えて、今では50の州があります。

さらに憲法の改正方法《かいせいほうほう》にも特徴《とくちょう》があります。他の国では、古い条文《じょうぶん》と新しい条文を入れ替《か》えますが、**アメリカ憲法では、「○○を付け加える」とか「第○条の内容《ないよう》を××に改める」といった修正条項をどんどん足してゆきます。**現在までに27の修正条項《しゅうせいじょうこう》が追加《ついか》されてきました。元の条文をそのまま残すことで、「建国の父」の精神《せいしん》を忘《わす》れないようにしているのですね。

夜《よる》の帳《とばり》がおりるころ事件《じけん》は起《お》こった
ガタンゴトン
ピーー
脅迫状《きょうはくじょう》だ 命《いのち》をねらわれている
だれか助《たす》けてくれ
ガタンゴトン
え こわい…だれかいないの？
ガタンゴトン
あの人《ひと》探偵《たんてい》さんぽい…
ガタンゴトン
あのー
もぐもぐ
おかわりください
また？たべすぎですよ
無芸大食《むげいたいしょく》だった

キーワード【アメリカ合衆国憲法《がっしゅうこくけんぽう》】アメリカ憲法は、独立《どくりつ》した13の国が、連邦国家《れんぽうこっか》となることを約束《やくそく》した文章です。成立当初《せいりつとうしょ》の憲法には、州と州の関係《かんけい》をどうするか、州と連邦はどのような関係にあるのか、といった国の組織《そしき》に関することが書かれています。その後、最初《さいしょ》の憲法改正《かいせい》で、国家が人々の権利を侵害《しんがい》するのを防《ふせ》ぐために10か条の権利規定《きてい》を追加《ついか》しました。

お題

「書き初めに書いた言葉」といえば、

「給食」

44 「公」のものが、優《ゆう》先《せん》されるのはどんなとき？

キーワード
宗教団体への公金支出

小学校では、「給食は残さず食べましょう」がスローガンの一つでした。

食いしん坊《ぼう》の多い私たちのクラスでは、特《とく》に問題もなく、このスローガンは達成されていました。

ところが、スイカが出たある日のこと。トミナガは、このスローガンを「スイカのカワもタネも残さず食べる」と解釈《かいしゃく》しました。これに対し、ヨネダ君は「『残さず』とは、『食べられる部分は残さず』という意味だ」と反論《はんろん》。私たちは長い議論《ぎろん》の末、「どうしても食べられないものは残してよいが、限界《げんかい》まで挑戦《ちょうせん》すべき」との解釈に到達《とうたつ》しました。赤い部分はもちろん、白い部分も食べきり、残されたのはペラペラになった緑の皮だけでした（種《たね》まで食べたのはトミナガ他1名のみ）。

最近《さいきん》では、食物アレルギーへの配慮《はいりょ》などから、「残さず食べる」は、あまり強調されなくなっています。無理《むり》せず楽しい給食で、食の大切さを感じたいですね。

ところで、憲法の世界でも、しばしば解釈が問題になります。例えば、憲法89条は、「公金その他の公の財産《ざいさん》は、宗教上《しゅうきょうじょう》の組織《そしき》若《も》しくは団体《だんたい》の使用、便益《べんえき》若しくは維持《いじ》のため、又《また》は公の支配《しはい》に属《ぞく》しない慈善《じぜん》、教育若しくは博愛《はくあい》の事業に対し、これを支出《ししゅつ》し、又はその利用《りよう》に供《きょう》してはならない」と定めています。公金とは、国や地方公共団体《ちほうこうきょうだんたい》のお金のことです。

「公の支配に属《ぞく》しない……教育」という言葉だけを見ると、私立学校への補助金《ほじょきん》は禁止《きんし》のように見えます。しかし、補助金なしでは、私立学校の経営《けいえい》は苦しくなり、質《しつ》の高い教育を国民に提供《ていきょう》できなくなります。

そこで憲法学者は、なぜ「公の支配に属しない教育」に、公金を支出してはいけないのかを改めて考えました。89条は、「宗教上の組織・団体への公金支出」と「公の支配に属しない教育への公金支出」を並《なら》べて禁止しています。ならば、いずれも「政教分離《ぶんり》徹底《てってい》のための規《き》定《てい》」と読むべきではないでしょうか。

宗教上の組織・団体は歴史的に、教育や慈善活動《じぜんかつどう》を通じて信者を維持《いじ》・獲得《かくとく》してきました。そこで**憲法89条は、宗教団体が教育や慈善活動を隠《かく》れ蓑《みの》にして補助《ほじょ》金《きん》を受け取ることを禁止《きんし》したのではないでしょうか**。逆《ぎゃく》に言うと、教育活動そのものへの公金支出は、憲法89条違反《いはん》にはならないと考えることもできそうです。

ショリ
ショリ
それ以上《いじょう》はむりじゃないか？
まだまだ食《た》べられる
おいしい
おいしくない
ほら岡《おか》さんもがんばってる
おいしくないところもがんばって食《た》べたんださいごまでやらなきゃ努力《どりょく》がむくわれないよ
あっ
ん？
あとで食《た》べる↓

キーワード【宗教団体《しゅうきょうだんたい》への公金支出《ししゅつ》】　政教分離原則《せいきょうぶんりげんそく》とは、国家と宗教は分離すべきだとの原則です。憲法20条3項は、国家が自分で宗教活動をするのを禁止《きんし》しています。もっとも、他の宗教上の組織《そしき》・団体《だんたい》への公金支出を許《ゆる》せば、国家が自ら宗教活動するのと大差《たいさ》ありません。そこで89条は、財政《ざいせい》に規制《きせい》をかけることで、政教分離を徹底《てってい》させたのです。

お題

「売れる本のタイトル」

といえば、

『おかずチーン』

45 条約《じょうやく》の「手軽さ」と「影響力《えいきょうりょく》」

キーワード

条約の締結

確《たし》かに、「チーン」するだけでおかずがつくれたら便利です。問題は、何でチーンするのか？

調理実習のある日、トミナガはキタムラさんに、「カボチャを原始電池で5分！」と言われ、あちこち探《さが》しましたが、「原始電池」は見つかりません。ミステリー好きのツクイさんが、「それは、電子レンジのことよ！」と見事に謎《なぞ》を解き、問題は解決《かいけつ》しました。

また、ある日、キタムラさんが「友達のジェシカは、インターポールに通っているの」と言います。インターポールと言えば、ルパン三世を追う銭形警部《ぜにがたけいぶ》。「そんな人が、なぜキタムラさんの友達？」と思って、話をよく聞くと、インターナショナルスクール（外国人の子女などが通う、英語などで授業《じゅぎょう》をする学校）でした。

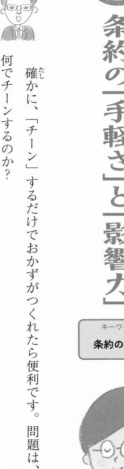

他にも、「私の目はイグアナではないのよ！」（「節穴《ふしあな》」のこと）、「将来《しょうらい》、小説を書いてアフタヌーン賞をとるの！」（芥川龍之介《あくたがわりゅうのすけ》の名前を冠《かん》した新人文学賞「芥川賞」のこと）と、怪《あや》しい発言を連発。クラスでは、「キタムラさんの怪発言のたびにツクイさんに相談」というルートが確立《かくりつ》しました。

ところで、インターポールとは、「国際刑事警察機構《こくさいけいじけいさつきこう》」のこと。交通手段《しゅだん》や情《じょう》報技術《ほうぎじゅつ》の発達《はったつ》と共に、世界を股《また》にかける犯罪《はんざい》も増《ふ》え、さまざまな国の警察で機構を作り、情報交換《じょうほうこうかん》や技術協力をしています。インターポールで働《はたら》く人は、少なくとも英語・フランス語でのコミュニケーションに困《こま》らないぐらいの語学力が必要《ひつよう》だとか。銭形警部は、超優秀《ちょうゆうしゅう》な人材だったんですね。

国際犯罪と戦う枠組《わくぐ》みはインターポールだけではありません。日本はさまざまな国と「条約《じょうやく》」を結んで、互《たが》いに、外国に逃《に》げた犯罪者を引き渡《わた》したり、捜査《そうさ》協力したりする約束《やくそく》をしています。

条約の締結《ていけつ》は、内閣の権限《けんげん》です。ただ、条約は法律と同じくらい大きな影響を国民に与えるので、憲法は国会の承認《しょうにん》を要求《ようきゅう》しています（憲法73条3号）。

国家間の約束である条約の一つ一つについて、法律なみに国会が口を出していたのでは、まとまる条約もまとまらなくなってしまいますから、内閣にある程度《ていど》強い権限《けんげん》を委《ゆだ》ねる必要があります。その一方で、国民の不利益《ふりえき》とならないよう、国会による承認を要求しているのです。

キーワード【条約《じょうやく》の締結《ていけつ》】「条約」の締結には、国会承認《しょうにん》が必要《ひつよう》ですが、内閣《ないかく》が外国と交わす約束のすべてが、ここに言う「条約」になるわけではありません。例えば、首脳会談《しゅのうかいだん》の日程《にってい》を決めるのに国会承認は必要ありません。国会の判断《はんだん》が必要なほど大切な約束だけが、国会承認の必要な「条約」だとされます。

お題

「売れる本のタイトル」

といえば、

『自分の未来がわかる本』

46 フランスは、憲法全体が変わってきた国

キーワード

フランス第五共和政憲法

自分の未来がわかる本。素晴《すば》らしい。

学校で「未来がわかるお知らせ」と言えば「給食の献立表《こんだてひょう》」。ある時期、何かの事情《じじょう》で食材の値段《ねだん》が上がり、期待外れの給食が続《つづ》きました。「カレーライス」にお肉が入っていない（しかもルーはほんの少し）。「ミカン」が4分の1にカットされている。当然、子どもたちから、不満が噴出《ふんしゅつ》します。

この危機《きき》に立ち上がったのは、やはりトミナガ。給食当番だった彼は、悲しいカレーライスを前に、「今日の献立は、ホワイトライス、カレー風味のオニオンソース添《そ》えです」と説明《せつめい》しました。何ともエレガントな表現《ひょうげん》に、みんなの表情《ひょうじょう》が明るくなりました。

その日から、彼は、黒板に今日のメニューを書くようになりました。ほぼフル

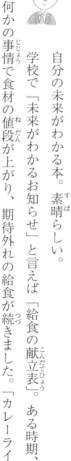

ーツなしのフルーツヨーグルトは、「ピュアヨーグルト」（ピュアは英語でpure。「純粋《じゅんすい》な」の意味）。いつもの牛乳《ぎゅうにゅう》は、「ミルク＝オレ」（オレはフランス語でau lait。「ミルク入り」の意味）。人数分のつみれが入っていないつみれ汁《じる》は、「年末《ねんまつ》ジャンボスープ：１等つみれ入り！」。

彼のおかげで、給食の時間は楽しくなりました。しかし、献立表からは、給食の未来が読めなくなりました。

さて、憲法の世界で未来が読めない国といえば、フランスです。アメリカやドイツでも憲法改正は時々ありますが、条文《じょうぶん》の一部改正がほとんど。しかし、**フランスは、憲法全体が大きく変わる体験《たいけん》を、何度も繰《く》り返してきました。**

王さまも皇帝《こうてい》もいない、市民が主役の政治体制《たいせい》を「共和政《きょうわせい》」といいます。フランス初の共和政《きょうわせい》が始《はじ》まったのは、フランス革命《かくめい》後、１７９２年のことです。ところが、戦争《せんそう》に勝って国民の人気を得《え》たナポレオンが１８０４年に皇帝になり、この共和政憲法を破壊《はかい》。そのナポレオンが戦争で負けると、１８１４年に王政が復《ふっ》活《かつ》。それもすぐに失敗して、１８４８年に第二共和政憲法を制定《せいてい》。１８５２年にナポレオン３世が登場して、再び帝政《ていせい》をはじめますが、戦争に負けて、１８７５年に第三共和政憲法を制定。第二次世界大戦でナチス・ドイツに負けて、戦争後の１９４６年に第四共和政憲法を制定。しかし、これは権限《けんげん》を分散しすぎていてうまく行かず、ドゴール将軍《しょうぐん》が国民投票を行い、１９５８年から第五共和政憲法を制定。これが今のフランスの憲法です。

キーワード【フランス第五共和政《きょうわせい》憲法】現在《げんざい》のフランス憲法では、アメリカのように、国民が大統領《だいとうりょう》を選挙《せんきょ》で選《えら》びます。また、イギリスや日本のように、国民議会《こくみんぎかい》が行政《ぎょうせい》のリーダーである首相を選びます。大統領と首相は、協力《きょうりょく》したり、仕事を分担《ぶんたん》したりしながら政治を進めます。この制度《せいど》は、大統領制《だいとうりょうせい》と議院内閣制の間にある制度で「半大統領制」と呼《よ》ばれます。

お題

「売れる本のタイトル」といえば、

『カッコいい小学生とは？』

47 裁判所は、どのように法を判断《はんだん》しているか？

キーワード
合憲限定解釈

ある日、トミナガは「ロウソクをつキャンドル」という日本語と英語を融合《ゆうごう》したダジャレを開発しました。それを聞いたヨネダ君は、「寒い！」とバカにしました。しかし、トミナガは、一歩も引きません。それどころか、「『寒い！』というやつが一番寒い！」と説教を始めました。

トミナガによれば、「寒い」のは、ダジャレを言った人ではなく、受け手の問題だ。一見つまらないダジャレも、第2波、第3波と他のダジャレを畳《たた》みかけるなど、周《まわ》りがうまく盛《も》り上げれば、いくらでも面白くできる。安易《あんい》に「寒い！」と言うのは、そいつが怠《なま》けているだけだ。

滑《すべ》った責任《せきにん》を周りに押《お》し付けているだけにも思えますが、トミナガの説教は、クラスに大きな影響《えいきょう》を与《あた》えました。下手に「寒い！」などと言うと、「盛り上げ

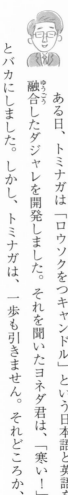

る努力を怠けた寒いやつ」と見られるようになりました。トミナガは、「寒い！」という感じの悪い言葉をクラスから追い出した「クールなやつ」ということになりました。ちなみに、英語のクールには、「カッコいい」の他に、「冷たい」という意味もあります。

まあ、なんにせよ周りのフォローは大事です。憲法の世界でも、国家機関《こっかきかん》は相《そう》互《ご》にフォローし合っています。

例えば、国会が国民の権利を侵害《しんがい》する法律を作ったとしましょう。そんな法律が適用《てきよう》されては、国民がひどい目に遭《あ》います。そこで、裁判所には、法律が憲法に照らして適切《てきせつ》なものになっているかを審査《しんさ》する権限《けんげん》が与《あた》えられています。**裁判所は、ダメな法律には違憲無効《いけんむこう》を宣言《せんげん》します。もっとも、国会がせっかく作った法律をあからさまに否定《ひてい》するのは、できれば避《さ》けたいところ。**

例えば、人の名誉《めいよ》を傷《きず》つけた人は、「名誉毀損《きそん》」として損害賠償《そんがいばいしょう》をしなければなりません。しかし、政治家が悪いことをしていたときには、たとえその政治家の名誉が傷ついたとしても、報道《ほうどう》する必要《ひつよう》があるでしょう。そこで、裁判所は、表現《ひょうげん》の自由（憲法21条）を守るため、「公共《こうきょう》の利害《りがい》に関《かん》することで、それが真実である場合」には、損害賠償を命じてはならないと解釈《かいしゃく》しました。

このように、憲法に違反《いはん》しないように法律の意味を狭《せば》めて解釈することを「合《ごう》憲限定解釈《けんげんていかいしゃく》」と言います。裁判所も、国会をフォローするわけですね。

キーワード【合憲限定解釈《ごうけんげんていかいしゃく》】自由を制限《せいげん》する法律は、規制範囲《きせいはんい》を広く解釈《かいしゃく》すると、憲法違反《いはん》になることが多いです。そこで、裁判所は、できるだけ規制範囲を狭《せま》くする解釈を選《えら》ぶことで、条文《じょうぶん》が憲法違反になるような形で運用されないようにします。こうすれば「法律全体が無効《むこう》」とまではならないので、国会の顔も立ちます。これが合憲限定解釈という手法《しゅほう》です。

お題

「売れる本のタイトル」といえば、

『絶対《ぜったい》に読んではいけない』

48 教科書は、なぜ無料《むりょう》なのか？

キーワード
教科書無償化

面白い本でも、読書感想文のために「読まなければならない本」になると、急につまらなくなります。「読んではいけない本」は、逆《ぎゃく》に読みたくなりますね。

そういえば、私が通った小学校には、「入ってはいけない部屋」がありました。ある日の放課後、私とトミナガは、意を決して潜入《せんにゅう》しました。室内は倉庫《そうこ》のようで、段《だん》ボール箱がたくさん置《お》いてあります。その一つ一つには、何とも不気味《ぶきみ》な書体で「4分の7」とか「29分の1」という分数が！　さらに、壁《かべ》にはどす黒い赤で「7分の3」＋「2分の9」の式が書いてあるではないですか。

「これは幽霊《ゆうれい》が、お宝《たから》の場所を教えてくれているのだ」と、わけのわからない妄《もう》想《そう》を抱《いだ》くほどにびびった私たちは、その場で計算に挑戦《ちょうせん》しました。ちょうど分数

を習い始めたばかりだったので、ランドセルから算数の教科書を引っ張《ぱ》り出して、頑張《がんば》りました。壁に出された問題の答えの数字（14分の69）の箱を開くと、そこには「21分の4」＋「6分の5」という手紙が入っていました。それを解《と》いて、答えの箱を開けるとさらに新しい問題が……。次々に問題を解き、最後《さいご》の箱を開けると、そこには「あなたは分数の足し算をマスターしました。門倉先生より」という手紙が入っていました。変人で有名な門倉先生にまんまとしてやられたわけです。

ところで、ここで大活躍《だいかつやく》した教科書、小学校と中学校では無料《むりょう》でもらえます。憲法26条2項後段《こうだん》には「義務教育《ぎむきょういく》は、これを無償《むしょう》とする」と書いてあります。義務教育とは、保護者《ほごしゃ》が子どもに受けさせる義務を負う教育のことです。現在《げんざい》は、小学校と中学校での教育が義務教育です。

では、教科書代が無料なのも憲法のおかげでしょうか。一般的《いっぱんてき》な解釈《かいしゃく》では、憲法が「タダにしなさい」と言っているのは、授業《じゅぎょう》の対価《たいか》である授業料だけ。教科書代や体操着代《たいそうぎだい》、学校に通う交通費、修学旅行代《しゅうがくりょこうだい》などは対象外とされています。もっとも、**教科書は教育を受けるのに不可欠《ふかけつ》なので、憲法の理念をよりよく実現《じつげん》するため、「教科書もタダにします」という法律が作られました。**

このように、憲法が「絶対にこうしなさい」と要求していることでなくても、国会が、憲法の理念を実現するために役立つ法律を作ることがあります。憲法の要求は最低限《さいていげん》のものですから、より良い社会にするのは国民の志《こころざし》次第です。

キーワード【教科書無償化《むしょうか》】憲法26条2項は、あくまで授業料《じゅぎょうりょう》の無償化を要求したものです。1962年に「義務教育諸学校《ぎむきょういくしょがっこう》の教科用図書の無償に関する法律」が制定され、教科書も無償となりました。名前からわかるように、小学校・中学校の義務教育に適用《てきよう》されるもので、高校や大学では、教科書はタダではありません。

「第3章 国民の権利及《およ》び義《ぎ》務《む》」をよむ　その2

嵐《あらし》の中の図書室。トミナガたちは、幽霊《ゆうれい》憲法学者アキヤマさんと、クイズおばあちゃんキャシーとともに、憲法の条文《じょうぶん》を旅しています。

くどいくらい自由

アキヤマ　憲法第3章には、国民の権利がたくさん書いてあります。

キタムラ　まず、第13条に「自由」。そのあと、第19条に「地蔵《じぞう》の自由」、第20条に「禁漁《きんりょう》の自由」、第21条に「狂言《きょうげん》の自由」、第22条に「諸行無常《しょぎょうむじょう》の自由」。あまり自由そうな感じはしないわね。

アキヤマ　「思想の自由」、「信教《しんきょう》の自由」、「表現《ひょうげん》の自由」、「職業選択《しょくぎょうせんたく》の自由」です。

キタムラ　まあ、同じようなものよ。それにしても、あれも自由、これも自由と、くどいくらいに自由だわね。

第19条　思想及《およ》び良心の自由は、これを侵《おか》してはならない。

第20条　信教の自由は、何人《なんぴと》に対してもこれを保障《ほしょう》する。いかなる宗教団体《だんたい》も、国から特権を受け、又《また》は政治上の権力を行使《こうし》してはならない。
何人も、宗教上の行為、祝典、儀式《ぎしき》又は行事に参加《さんか》することを強制《きょうせい》されない。
国及びその機関《きかん》は、宗教教育その他いかなる宗教的活動もしてはならない。

第21条　集会、結社《けっしゃ》及び言論《げんろん》、出版《しゅっぱん》その他一切の表現の自由は、これを保障する。
検閲《けんえつ》は、これをしてはならない。通信《つうしん》の秘密《ひみつ》は、これを侵してはならない。

第22条　何人も、公共の福祉《ふくし》に反しない限《かぎ》り、居住、移転《いてん》及び職業選択の自由を有する。
何人も、外国に移住《いじゅう》し、又は国籍《こくせき》を離脱《りだつ》する自由を侵されない。

第23条　学問の自由は、これを保障する。

ヨネダ　好きなことを言って、好きな仕事を選《えら》ぶなんて、当たり前じゃないか。

キャシー　はて、そうかな？　たとえば、そこに居《い》る男（トミナガ）が学級委員だったとしよう。学級委員は、いろいろなことを決めるので、時に悪口を言われることもあるじゃろう。もしも、学級委員に、「クラスメイトに罰金《ばっきん》を払《はら》わせる権力《けんりょく》」を与《あた》えたらどうなるかのう？　ここでクイズじゃ。

Q

学級委員トミナガが、給食当番の分担《ぶんたん》のことで悪口を言われたくないと思ったとき、楽なのはどちらでしょうか？

① 悪口を言った人に500円の罰金《ばっきん》を科す。

② みんなが公平だと思える分担ルールを作る。

ヨネダ　どう考えても、①の方が楽だよね。

キタムラ　そうね。みんなを満足させるのは大変よ。罰金を払わせれば、お金も儲《もう》かるし。「二兎追うものは一緒《いっしょ》に獲《と》れる」よ。

ツクイ　「二兎《にと》追うものは一兎も得《え》ず」でしょ。まるで逆《ぎゃく》の意味よ。

キャシー　その通りじゃ。みんなの自由を認《みと》めると、権力者は大変《たいへん》じゃ。自由をうばえたら、権力者は楽になるじゃろう。だからこそ、憲法で、くどいくらいに自由を保障するのじゃよ。憲法の大事さを体験《たいけん》したかったら、学級委員にセコい権力を与えてみたらいい。きっと、自分勝手なことをしだすじゃろうよ。いっひっひ。

キャシーさんは、笑う自由を行使した。その様子は、まるで魔女のようで、中世なら拷問《ごうもん》にかけられていたところでしょう。

▼**「日本国憲法」第4章以降は、『ほとんど憲法　下』コラムにつづく。**

といえば、

過去《かこ》と未来から。

49 憲法には、いくつもの性格《せいかく》がある

キーワード
外交宣言としての憲法

過去《かこ》と未来からの卒業とは、壮大《そうだい》なスケールです。

壮大といえば、ある年、夏休みの自由研究の発表会で、トミナガが「時間なんてものはない！」と言い出しました。まず、「時間がある」と言えるには、少なくとも「過去」と「未来」がなくてはいけない。ところで、「過去」と「未来」は、「痛《いた》い」と「痛くない」、「暑い」と「寒い」のように、同じところにあってはいけない性質《せいしつ》のものだ。しかし、例えば、3月2日は、3月3日から見れば「過去」であると同時に、3月1日から見れば「未来」だ。つまり、「過去」と「未来」が3月2日の中に同居《どうきょ》している。ということは、本当は「過去」と「未来」なんてないのだ。そして、「過去」と「未来」がないなら「時間」なんてものはない！

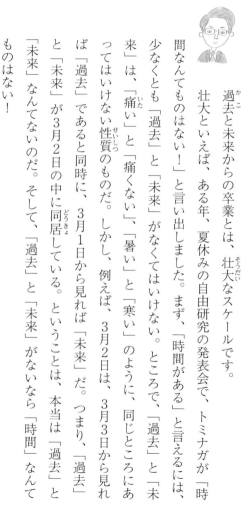

トミナガの勢《いきお》いに私たちがあっけにとられる中、常識人《じょうしきじん》のフジタ君が、「君の発表は、5分も時間をオーバーしている。もう掃除の時間だ」と、時の流れを冷《れい》酷《こく》に指摘《してき》しました。私たちは黙《だま》って掃除《そうじ》を始めました。過去や未来から逃《のが》れるのは、なんと難《むずか》しいことでしょう。

過去と未来はともかく、一つのモノの中にいくつもの性格《せいかく》が同居するのはよくあることです。**憲法は、「国家権力の乱用《らんよう》を防《ふせ》ぐための国内最高法規《さいこうほうき》」であると同時に、「外国に対して自国の基本的態度《きほんてきたいど》を表明する外交宣言《せんげん》」でもあります。**

例えば、表現の自由や信教《しんきょう》の自由などの自由権《じゆうけん》を保障《ほしょう》する条文《じょうぶん》には、国内最高法規として、日本の国会や政府に、「これらの権利を守りなさい」と要求《ようきゅう》する意味があります。他方で、外交宣言として、「私たちの国は、人権《じんけん》を大切にする国です！」と国際《こくさい》社会に発信《はっしん》する意味もあります。現在の国際社会では、これらの権利を大切にしない国は、まともな国だと扱《あつか》われませんから、こうしたアピールが重要《じゅうよう》なのです。

「戦争《せんそう》を放棄《ほうき》し、外国を侵略《しんりゃく》しない」と宣言《せんげん》した平和主義《しゅぎ》や、民主主義を定めた規定《きてい》なども、国内最高法規としてはもちろん、外交宣言としても重要な意味を持っています。憲法条文について考えるときには、両方に注意してください。

ちなみに、トミナガの屁理屈《へりくつ》は、マクタガードさんという哲学者《てつがくしゃ》の議論《ぎろん》に刺激《しげき》されて思いついたもののようです。興味《きょうみ》がある人は調べてみてください。

キーワード【外交宣言《せんげん》としての憲法】憲法には「外国からどう見られるか」を意識《いしき》した外交宣言としての意味があります。例えば、韓国《かんこく》には、「朝鮮半島《ちょうせんはんとう》の統一《とういつ》のために武力《ぶりょく》を使ってはいけない」という条文がありますが、外交宣言としての性質《せいしつ》が強いです。現実《げんじつ》には独裁《どくさい》国家なのに、人権《じんけん》や民主主義《みんしゅしゅぎ》の条文を充実《じゅうじつ》させている国もあります。

お題

「卒業したいこと」

といえば、

嫌《いや》な習い事。

50 遠慮《えんりょ》しないで生きるために憲法はある

キーワード

萎縮効果

このお便《たよ》りは、「剣道《けんどう》が嫌《いや》だから、習うのをやめる」のではなく、「剣道を好きになって、嫌な習い事ではなくする」という意味だそうです。すてきですね。

小学5年生のとき、「誰《だれ》の習い事が一番役に立つか?」論争《ろんそう》が勃発《ぼっぱつ》しました。タイラさんは将来《しょうらい》の留学《りゅうがく》のために英会話を習っています。アイハラ君は、JRに勤《つと》めるお父さんから日本全国の鉄道駅を習い、「僕も電車の運転士《うんてんし》になりたいから、絶対《ぜったい》役立つ」と豪語《ごうご》します。「将棋《しょうぎ》」を習っている私や、「野球」を習っているトミナガは、習字五段《だん》のフジタ君に「将棋や野球でお金を稼《かせ》ぐのは大変《たいへん》だよ」と説教される始末《しまつ》でした。

とはいえ、何が役に立つのかはわかりません。友人たちとプロ野球観戦した際《さい》、

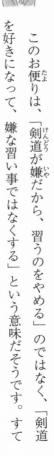

トミナガは、「スライダー」や「ナックル」などの変化球《へんかきゅう》について、球の握《にぎ》り方から曲がり方・落ち方まで細かく解説して、みんなを感心させました。私も、将棋のプロにはなれませんでしたが、「将棋に詳《くわ》しいプチ有名人」として、将棋関《かん》係《けい》のお仕事に声をかけてもらうこともあります。将来《しょうらい》の仕事に役立つかはともかく、習い事を通じて好きなことを増やすと、人生が楽しくなります。遠慮《えんりょ》せず、どんどん楽しんでほしいです。

ところで、「表現《ひょうげん》の自由」は他の権利に比《くら》べて「遠慮せず、どんどん」が大事な領域《りょういき》です。商品を売ったり、サービスを提供《ていきょう》したりする経済活動《けいざいかつどう》は、多少、法律で規制《きせい》されていても、なかなか人は遠慮しません。「たくさんお金を稼ごう」という強い動機があるからです。

これに対し、政治に意見を述《の》べたり、デモ行進に参加《さんか》したりする表現活動は、すぐには自分の得になりません。このため、ちょっとした規制や、刑罰《けいばつ》のリスクがあるだけで、すぐに遠慮してしまいます。これを萎縮効果《いしゅくこうか》と言います。新しい物語や絵画を創《つく》る活動も、規制や刑罰を恐《おそ》れると、新しいことにチャレンジせず、無難《ぶなん》なものになりがちです。

しかし、**正しい情報《じょうほう》、鋭《するど》い意見、美しい芸術《げいじゅつ》、面白いマンガなどの表現が萎縮《いしゅく》すれば、政治は腐敗《ふはい》し、毎日の生活に楽しみがなくなります。**そこで、憲法は、経済活動の自由に比べて、表現の自由を手厚《てあつ》く保護《ほご》し、不当《ふとう》な規制がなされないよう注意しています。

キーワード【萎縮効果《いしゅくこうか》】萎縮効果とは、国民が自由を行使することを避《さ》けてしまう効果です。表現《ひょうげん》の自由は、特《とく》に萎縮効果が強いので、国家権力《けんりょく》が不当《ふとう》に規制《きせい》しないように、憲法で強く保護《ほご》しています。また、萎縮効果を防《ふせ》ぐため、「表現の自由を規制する法律は、特に明確《めいかく》でわかりやすい文章にしないといけない」というルールもあります。

お題

「卒業したいこと」

といえば、

いまの人生！

51 他人の気持ちはわからないから、「自《じ》治《ち》」がある

キーワード

住民自治

「人生からの卒業」とは、自分とは別《べつ》のものになるということです。

ある道徳《どうとく》の時間、先生が「ひどいことをしてしまった相手になりきって、気持ちを考えてみましょう」と言いました。ハセガワさんは、「今朝は機嫌《きげん》が悪くて、アサカワさんのこと無視《むし》しちゃいました。悲しかったと思います。ごめんなさい」と模範解答《もはんかいとう》。

ここから反省タイムが続《つづ》くかと思いきや、そこはさすが、我がクラス。カシマ君が、「昨日、カッコよくて優《やさ》しくて頭もよいお兄ちゃんに『バカ』と言われて、とても悲しい」と、弟の気持ちを考えたのか、自分の自慢《じまん》なのかわからないスピーチで、空気を一変《いっぺん》させ、ヨネダ君は、『動物園でコウモリを見て『気持ち悪い』と言ってしまいました。でも、僕は、暗い洞窟《どうくつ》にぶらさがる夜行性生物《やこうせいせいぶつ》として生

きたことがないので、どんな気持ちかさっぱりわかりません」と続きます。

トミナガは、教室の隅《すみ》っこまで行って倒《たお》れ、「捨《す》てられたミカンの皮の気持ちを考えています」と言います。席に戻《もど》るように言われると、「先生に、ミカンの皮の何がわかるっていうんですか！」と怒《おこ》り出す始末《しまつ》。他のものの気持ちになるって、なんと難《むずか》しいことでしょう。

このことは、憲法も意識《いしき》しています。憲法92条は、「地方公共団体《だんたい》の組織《そしき》及《およ》び運営に関する事項《じこう》は、地方自治《じち》の本旨《ほんし》に基《もと》いて、法律《ほうりつ》でこれを定める」としています。ここで言う「地方自治の本旨」には、都道府県や市町村などの自治体は、国から独立《どくりつ》した団体として意思決定を行うという「団体自治」の原理と、各自治体は、その住民の意思によって運営《うんえい》されるべきだという「住民自治」の原理が含《ふく》まれています。

それぞれの地域《ちいき》の特殊事情《とくしゅじじょう》は、外からではなかなかわかりません。例えば、沖縄県《おきなわけん》の人には、「除雪《じょせつ》費用にどれくらい予算が必要《ひつよう》か」について、なかなかイメージがつかめないでしょう。逆《ぎゃく》に、北海道の人には、「沖縄で、何月から冷房《れいぼう》が必要か」はよくわからないかもしれません。ですから、それぞれの自治体の特殊事情を考慮《こうりょ》すべきことについては、国から独立して、その住民たちの意思で決定する必要があるのです。

ちなみに、ヨネダ君の話は『コウモリであるとはどのようなことか』というトマス・ネーゲルというイカした哲学者《てつがくしゃ》の名著《めいちょ》がもとになっています。

キーワード【住民自治《じゅうみんじち》】憲法92条は、「団体自治《だんたいじち》」と「住民自治」という「地方自治の本旨《ほんし》」にかなうように、地方自治体を組織《そしき》・運営《うんえい》するように求《もと》めています。さらに、憲法93条は、住民自治の具体的《ぐたいてき》な内容《ないよう》として、自治体の長（都道府県知事や市区町村長）と議会《ぎかい》の議員《ぎいん》は、住民が直接選挙《ちょくせつせんきょ》しなければならないと定めています。

お題

「卒業したいこと」

といえば、

憲法。

52 日本に革命《かくめい》はあったか？

キーワード

革命

「憲法からの卒業」とは何でしょうか。これを理解《りかい》するには、憲法とは何かを理解する必要がありそうです。

憲法とは、国家を成《な》り立たせるルールです。ルールと言われて思い出すのは、小学校の40人クラスでやったサッカーのこと。

最初《さいしょ》は、1チーム11人で、残りの子は見学していました。しかし、ヨネダ君が「見ているだけではつまらないから、20人対20人にしよう」と言い出しました。20人ずつでやっていると、ハラダ君が「なかなかボールが回ってこないから、ボールを3つにしよう」と言い出しました。ボール3つでやっていると、キーパーのアイハラ君が「3つも同時にシュートされたら防《ふせ》げないから、キーパーは3人ずつにしよう」と言い出しました。キーパー3人でやっていると、タイラさんが

「キーパーが3人もいるとシュートが入らないから、ボールを4つにしよう」と言い出しました。そこで、追加《ついか》されたのは、なぜかバスケットボール。そのボールのゴールには、バスケットのゴールが使われることになりました。

ゲーム終了時《しゅうりょうじ》、ヨネダ君が「これってサッカーだったのかな?」とつぶやきました。アイハラ君は「サッカーの一種ではあるだろう」と答えます。それを聞いたトミナガは、「これがサッカーなら、漢字テストは、なぜサッカーではないのだろう?」と哲学的《てつがくてき》な問いを発しました。

さて、最初に言ったように、憲法とは、その国を成り立たせるルールです。このルールが全く別《べつ》のものに変《か》わってしまうことを「革命《かくめい》」と言います。例えば、1789年のフランス革命は、国王中心の国家から、国民が主権《しゅけん》を持つ国家への変更《へんこう》でした。革命は、いわば、今ある憲法からの卒業なのです。

もっとも、どこからが革命なのかは、なかなか難《むずか》しい問題です。アメリカでは、19世紀《せいき》半ばの南北戦争《なんぼくせんそう》の前と後では全く違《ちが》う国家になりました。それぞれの州が大きな権力を持つ国家から、連邦《れんぽう》が大きな権力を持つ国家になったのです。当然、憲法も大改正されました。しかし、「革命」があったとは言われません。

他方、日本では、1889年にできた大日本帝国憲法《ていこくけんぽう》が、1947年に日本国憲法に改正されました。**天皇《てんのう》を中心とする国家から、国民主権の国家になったのです。憲法学的には、これは「革命」だと理解《りかい》するのが一般的です。**

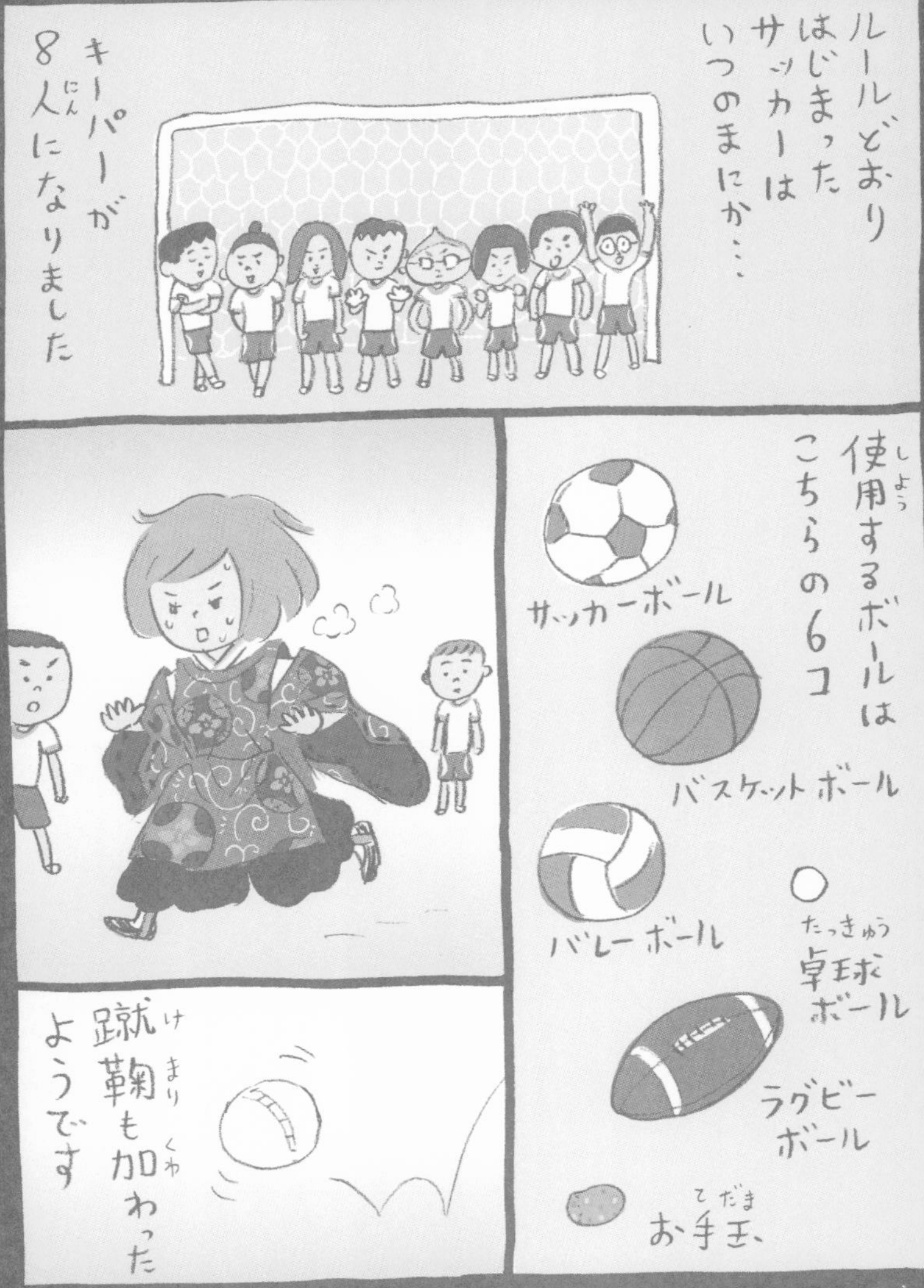
ルールどおりはじまったサッカーはいつのまにか……
キーパーが8人《にん》になりました
使用《しよう》するボールはこちらの6コ
サッカーボール
バスケットボール
バレーボール
卓球《たっきゅう》ボール
ラグビーボール
お手玉《てだま》
蹴鞠《けまり》も加《くわ》わったようです

キーワード【革命《かくめい》】憲法が根本から変わったり、消滅《しょうめつ》したりすることを革命と言います。フランス革命のほかにも、イギリスによる植民地支《しょくみんちし》配《はい》を脱《だっ》したアメリカ独立《どくりつ》革命（1775～1783年）、ロマノフ王朝を打倒《だとう》したロシア革命（1917年）など、世界にはさまざまな革命があります。日本国憲法の成立《せいりつ》は、1945年8月が出発点なので八月革命と呼《よ》ばれます。

［おまけ］

ほとんど友達のトミナガさんと語る——友達とは何か

この本にしばしば登場するトミナガ。実は、彼には実在のモデルがいます。それが福永裕義《ふくながひろよし》さん。私の小学校時代からの友達です。どれくらいの友達か、疑問に思う人もいるかもしれませんが、「この本が『憲法の本』である度合」と同じくらいなので、「ほとんど友達」と言ってよいでしょう。

ここで疑問が湧《わ》いてきます。どこからが友達なのでしょうか？

ということで、福永氏と「友達」をテーマに語り合いました。彼の本名は福永ですが、読者の皆さんにわかりやすいよう、「トミナガ」でいきましょう。

［友達にどうやってなるか］ミイラとりがミイラになる

木村　今回の対談のテーマは、「友達」。新聞連載中に、「トミナガは、実際にいるのか」、「もしや想像上の友達なのではないか」、「いや、そもそも本当に友達なのか」なんて質問が、ちょくちょく来たんだよね。

トミナガ　ああ、草太は友達が少ないからね。「想像上の友達」かもしれない。

木村　いや、そんなことはない（笑）。

トミナガ　そういえば、草太は、すごい問題児だったよね。授業中に床に寝転がったり、サボタージュしたり。両親が共働きなのをいいことに、学校に来なかったり。言わば、一人学級崩壊《ほうかい》。

木村　ひどい言いようだな。とても友達のセリフとは思えない。我々の関係を考え直す必要があるな。そもそも、なんで友達になったんだっけ？

トミナガ　きっかけは覚えていないけど、よく話すようになっていったんだよね。そこに目を付けた先生が、草太の「お世話係」を俺に押し付けた。「明日の持ち物を電話で伝えろ」とか「家に迎えにいけ」とかさ。迎えにいくと、「お、いいところに来たな」みたいなノリで、ケロッと学校に来たりする。

木村　それ自分を美化しすぎでしょう。むしろ、こっちの方が「お世話係」だった。

トミナガ　いや、そんなことないよ。でも、確かに、ミイラとりがミイラになることもあったよね。朝迎えに行ったら、「レゴの新作がある」とか言われて、そのまま遊んじゃって、昼頃に学校に行って、一緒に怒られるとか。

木村　自分の記憶では、私はもっと良い子だったと思うんだけどな。成績もよかったはずだし。

トミナガ　成績がよくなったのは5年生から。これは明確に覚えています！

木村　確かに、5年生になって初めて、「宿題はやるものだ」って気づいたんだよね。

トミナガ　そう、「俺、今日から宿題やるわ」と急に言い出した。

木村　新しい友達ができて、放課後に遊ぶことになったんだけど、「宿題を終わらせてから遊ぼう」と言われて、「宿題ってやるものなんだ」と初めて気づいた。それまでは、やりたい人がやるもんだと思っていた。

トミナガ　あー、なるほどね。書道とかも手抜きだったよねー。

木村　見本を半紙の下に敷いて、なぞったりしたなあ。

トミナガ　バレて怒られてたよね。

木村　見本を裏返しに敷いたんだよね。やたら、きれいな鏡文字になっていて、一発でバレた。書道と言えば、書き初めフリースタイルで、「憂鬱《ゆううつ》の薔薇《ばら》」って書いた話が出てくるけど（冬㊶参照）。

トミナガ　たしか中学2年のときの話だよね。

木村　「憂鬱の薔薇」で、一番ウケがとれるんじゃないかなと思ったんだよね。でも甘かった。

トミナガ　ワタル君（本文ではヨネダ君として登場）が「お年玉」って書いたんだよね。隣のクラスには「たまごやき」までいた。

木村　漢字くらい使ってほしいよね。「たまごやき」って全部ひらがなだよ、中2にもなって。

トミナガ　「お年玉」でも、まだ漢字が入っているのにね。どうしようもないね。

［友達とどう学級をすごすのか］
めだまやきで学級崩壊

木村　そういえば、さっき「一人学級崩壊」って言ってたけど、学級崩壊って一人でやるものじゃないよね。

トミナガ　でも、草太は、あちこちで、一人で問題を起こしてたよね。しかも、中学になってまで。

木村　トミナガとは高校は別だったけど、高校でも大学でも、それなりに騒ぎを起こした記憶はあるな。

トミナガ　やっぱアナーキーなんだよね。体制に対する反感が強い。合唱祭でも体育祭でも、ともかく、「やらない理由」を探してる。そういえば、合唱祭で、嘆願書《たんがんしょ》を書いて、署名させたよね。

木村　「合唱祭は、やる気のない人を巻き込んでも、良い歌にはならない。だから、任意参加にしよう」という署名を集めたんだよね。

トミナガ　俺は、草太に「名前書け」と言われて、軽い気持ちで名前書いて、拇印《ぼいん》も押したんだよね。そしたら、先生から呼び出された。生徒会副会長だったもんだから、「なぜお前の名前があるんだ！　生徒会はこういうのに操られたらダメだろう」って、こっぴどくやられた。

木村　いま思えば、朝練も合唱祭の当日も、休めばいいだけだったんじゃないかと思うね。

トミナガ　そうだよ。しかし、合唱を頑張る気はゼロだったよね。

木村　先生に「お前、何なら頑張れるの？」って聞かれて、「他のクラスの朝練の妨害《ぼうがい》なら頑張れます」って答えた記憶がある。
トミナガ　ハハハ。マイナスの頑張り。そもそも、草太は、「これでいいか？」って聞かれて、「うん」と言うことがない。
木村　えー、そんなに悪い子だったはずがない。友達として、少しぐらいは、「草太の小学校時代の心温まる歴史」とかないの？
トミナガ　いいんだよ。あとで編集するからさ。
木村　いくら編集したって、今の話を「いい話」にするのは無理だろ。
トミナガ　単語ごとに切って、組み替えてつなぎあわせる、って作業をやっていくとさ、もともとあったものと全くことなるものになるんだよ。これは、デイヴィッド・ボウイだか、ジョージ・オーウェルだか、どっかの歌手か作家がやった技術。
木村　本当？
トミナガ　ジョージ・オーウェルが言うんだから間違いない。例えばさ、ここまでのキーワードをつなげると、「めだまやきで学級崩壊」……。だめか。
木村　っていうか、めだまやきは出てきてない……。

「友達をどう理解するのか」お米は8合

木村　この本のトミナガキャラって、創作も入っているけど、大食いキャラは本当だよね。
トミナガ　まあな。友達の家に遊びに行ったとき、「トミナガ君が来るから、8合炊《た》いといた」なんて言われたこともあったね。
木村　8合（笑）。どうやって食べるんだろう。今、私の家、4人家族だけど、3合炊いても、半分ぐらい残る。でも、トミナガ家は、男3人兄弟だったから、毎日、すごい量のお米炊いてたよね。
トミナガ　毎日10合炊いてたはずだよ。夕方4時くらいになると、母から電話がかかってきて、「お米10合研《と》いでおいて」って。
木村　10合って、数えてるうちに、わかんなくなりそう。
トミナガ　1回間違えて、11合入れちゃったことあって。あれは、水が全然足りなくて、硬かった。でも、これがカレーには合うんだよ。それから、水を少なめに入れるようにした。
木村　大食い以外でいうと、怖い話が苦手なのも、かなりのもんだよね。うちに友達6人くらいで泊まりに来たとき、シュウジ君が怖い話を始めてさ。トミナガ、本気で怒って、蹴り入れてたよね。シュウジ君は、物ともせずに、ずっと話し続けてたけど。
トミナガ　シュウジは、話がうまいからね。稲川淳二《いながわじゅんじ》の後継者か、ってぐらい。悪いところまで似ちゃっていて、途中聞き取れなかったりするんだけど。でも、実はね、最近、怖い話も大丈夫になった。
木村　えっ⁉　地球に「実は最近、自転の向き変えたんですよ」って言われたくらいショックだ。
トミナガ　いや、さすがに、地球の自転の方がびっくりするよ。避けてばかりいるのもどうかと思って、ここ二、三年、たくさん観たんだ。『リング』とかJホラーね。

木村　『シャイニング』は？

トミナガ　『シャイニング』は昔から見てたよ。あれは「怖い」というより、「気持ち悪い」映画。

木村　いや、「キレる」映画でしょう。ほら、「すごく確率が低いこと」を示す言葉に、「ジャック・ニコルソンが映画に出演して、キレない確率と同じくらい」ってあるじゃん。

トミナガ　（笑）。それ、ほとんど0％だよね。『カッコーの巣の上で』、『マーズ・アタック！』、『ア・フュー・グッドメン』いつもどこかでキレる。

木村　ホラーに話を戻そう。ホラーって慣れると、だんだんホラーとして見られなくなるよね。

トミナガ　そうそう。『呪怨《じゅおん》』も、最初見たときは怖くて。あのとき35歳くらいかな。怖いから、夜トイレ行くときは、「あー」とか大声で言いながら行ってた。

木村　35歳にもなって、怖くてトイレに行けなくなったわけ？

トミナガ　トイレに行けなくなったんじゃなくて、トイレに行くとき「あー」って声出しながら行ってただけだよ。

木村　怖がり、治ってないじゃん。

トミナガ　だけど何回も見ていると、「怖い」から「シュール」になってくるんだよね。「なんで、縁もゆかりもないこの人を怖がらせるの？」とか「やることが唐突すぎじゃない？」とか。「家に入ってから殺す」とか、「ビデオ見てから殺す」とか、やたら手続きを大切にするのも不可解だよね。「そんなことなくたって、殺せばいいじゃん」とか、ツッコミいれたくなってくる。

木村　確かに、恨みがある相手のとこに、直接行ってほしいよね。関係ない人が家に入っただけで殺すなんて、ダメだよ。あの怨霊《おんりょう》が、逮捕されたとするじゃん。刑事に、「お前、なんでそんなことをしたんだ？」と聞かれて、「あいつが家に入ってきたからです」なんて答えようものなら、「そんな理屈が通るか！　正直に答えろ」って怒られるでしょう。

トミナガ　そう、通らないよね。不法侵入《ふほうしんにゅう》は不法侵入だと思うけど、殺人の動機にはならないよね。あ、でもほとんどの人は、あの家を買って住んでいるわけだから、そもそも不法じゃない。そんなこと考えるようになると、ああいうシュールさが楽しいと思えるようになってきた。

木村　そうやって、ホラーには慣れてきたと。ちなみに、疲れやすいのはどう？

トミナガ　あー、遠足の話ね。

木村　そうそう。遠足で「疲れた」って言って、先生に「疲れてるのは、君だけじゃない！」って言われたのに対して、「いや、俺だけが疲れているんです。特別に疲れる体質なんで」と言い返した話。ガタイがいいから誰も信じない。

トミナガ　子どもの頃は、比較的大きかったからね。

木村　いや、今もでかい。身長、１８３㎝だっけ？
トミナガ　いや、そんなにない、１８１㎝。疲れやすさも、個人差があるからね。
木村　「俺は特別に疲れやすい」には、反論しようがないよね。誰も、その人本人にはなれないんだから、「本人がそう言っているからそうなのか」と。
トミナガ　素直に受け取るのが一番ですよ。
木村　そういえば、とあるコーヒー・チェーンで「おいしいコーヒーを淹《い》れてます」ってコピーがあったよね。みんな、「本人がおいしいと言っているんだから、おいしいんだろう」と言って飲んでた。
トミナガ　『俺は特別に疲れやすい』という発言を素直にきけ」と言っている手前、人に言われれば、まあそうなのかな、と思うね。
木村　「素直に」と言えば、動物園で「タローくん　4歳　性格　くいしんぼう　人間が大好き」って書いてあるのを見つけたことあったよね（春⑭参照）。あれ、素直に読むとさ……
トミナガ　まあ、本人がそう言うんだから、「人食いライオン」なんだろうね。動物園は、確実に、怖がらせようとしている。
木村　気づかなかっただけじゃないか？
トミナガ　水族館で、人を襲う種類のサメの説明に、「世界では、1年間でサメが食べる人間の数より、人間が食べるサメの数のほうが多いです」って書いてあったこともあるよね。
木村　いやー、そういう問題じゃないでしょー。
トミナガ　フカヒレ食べたからって、サメが怖くなくなるわけじゃないよね。
木村　トミナガ語録と言えば、「寒いって言うやつが一番、寒い」。
トミナガ　それは言ったかもしれない。
木村　ダジャレが受けないのは、言った側ではなく、受け手の側の問題だと。周りが盛り上げれば、いくらでも面白くできる、って理屈（冬㊼参照）。
トミナガ　松本人志《まつもとひとし》さんみたいなことを言っているね。
木村　いや、それは立場が違うでしょう。多分、松本さんなら、仲間の芸人さんがスベりかけたときに、盛り上げられないのは、自分の力量の問題だって話でしょ。トミナガの場合は、自分のギャグがウケなくって、人のせいにしてるだけだから。
トミナガ　あー、それは痛いね。「自分ですべっといて、なに、人のせいにしてんの？」ってとこ。

［まとめ］教訓はない

木村　結構長いこと話してるけど、ここまで何の教訓もないね。
トミナガ　まあ、友達の定義は、「何の役にも立たないけど一緒にいる人」だからね。
木村　そんな定義知らないよ。でも、確かに、役に立つから一緒にいるんだったら、それは、「仕事相手」か「お手伝いさん」ってとこだな。
トミナガ　そうそう。お金もくれないし、家事もしてくれない。一緒にいても仕事がはかどるわけじゃない。いや、むしろ、仕事は進まない。でも、一緒にいて、なんか楽しい。これが友達でしょう。

木村　こうして、ここまで意味もないお話ができたわけだから、我々もまあまあ上手くやっている友達だという気がしてきた。

トミナガ　いやいや、そういう「まとめ」もいらないんだよ。「まとめ」も「意味」も「教訓」もない。けど一緒にいる。それだけでいいんだよ。

（『ほとんど憲法　下』「おまけ」では「学校のルール」を考えています）

Special thanks

武本奈津子
エスデス将軍
村田結菜
山下詩織
杉浦瑚雪
パイナップル
宮間大和
さーちゃん
ルナ
森章瑛
G.T
う～ちゃん♪
日ハムファン
温花
毎小大好きっ子
牧本実桂
ゆずぽん
茂木礼花
ケンネス
クロネコヤマト
アヒルカモシレナイ
らいむ
佐藤侑奈
めいめい
カメラ大好き
ジャンヌトラック
ポアロ
イルカキンギョ
むらい
カープ大すき
カープ&カープ
BB8
リボンちゃん
矢車草
三年寝太郎
石垣遥丈
佐藤侑奈
よしくん

※今回はご連絡をとれた方のみ掲載させていただきました。ここには掲載できなかった連載時に質問を寄せてくださった皆様も、ありがとうございました！

本書は、毎日小学生新聞にて連載中の「ほとんど憲法」より、
2017年3月31日から2018年3月30日までの掲載分を再編集し、上下巻に分けてまとめたものです。

ほとんど憲法 上
小学生からの憲法入門

2020年2月18日　初版印刷
2020年2月28日　初版発行

著者
木村草太

絵
朝倉世界一

デザイン
三木俊一（文京図案室）

発行者
小野寺優

発行所
株式会社河出書房新社
〒151-0051
東京都渋谷区千駄ヶ谷2-32-2
電話 03-3404-1201（営業）
03-3404-8611（編集）
http://www.kawade.co.jp/

印刷
株式会社亨有堂印刷所

製本
大口製本印刷株式会社

Printed in Japan
ISBN978-4-309-24949-0

木村草太 きむら・そうた
1980年生まれ。首都大学東京法学部教授。専攻は憲法学。著書に『憲法の急所』『キヨミズ准教授の法学入門』『憲法の創造力』『集団的自衛権はなぜ違憲なのか』など、編著に『子どもの人権をまもるために』など。

朝倉世界一 あさくら・せかいいち
1965年生まれ。漫画家。著書に『デボネア・ドライブ』『おれはたーさん』『春山町サーバンツ』『モリロクちゃん』など。